MAE RHYWUN
YN GWYBOD...

MAE RHYWUN YN GWYBOD...

Alwyn Gruffydd

**Golygydd y gyfres:
Lyn Ebenezer**

Argraffiad cyntaf: Tachwedd 2004

ⓗ *Alwyn Gruffydd/Gwasg Carreg Gwalch*

Rhif Llyfr Safonol Rhyngwladol:
0-86381-675-4

Cyhoeddir dan gynllun comisiwn Cyngor Llyfrau Cymru

Clawr: E L F E N

Argraffwyd a chyhoeddwyd gan Wasg Carreg Gwalch,
12 Iard yr Orsaf, Llanrwst, Dyffryn Conwy, LL26 0EH.
☎ *01492 642031*
🖷 *01492 641502*
✆ *llyfrau@carreg-gwalch.co.uk*
Lle ar y we: www.carreg-gwalch.co.uk

CYNNWYS

RHAGAIR

Ni welwyd dim byd tebyg yng nghefn gwlad Cymru ers canol y bedwaredd ganrif ar bymtheg pan gododd gwerin gwlad siroedd Penfro a Chaerfyrddin, o dan arweiniad Twm Carnabwth, a herio'r awdurdodau ar fater anghyfiawnder cymdeithasol ac annhegwch y tollbyrth.

Gant a deugain o flynyddoedd ar ôl Terfysgoedd Beca, anghyfiawnder cymdeithasol arall fu'r ysgogiad unwaith eto pan gydiodd terfysg o'r newydd yn nychymyg y Cymry. Herio'r awdurdodau ar fater tai lleol i bobl leol oedd y nod, a'r targed y tro hwn oedd tai haf.

Drwy gydol y 1980au a dechrau'r 1990au difrodwyd, neu fe losgwyd yn ulw, o leiaf 200 o dai gwyliau ynghyd ag ymosodiad hefyd ar gychod ymwelwyr a swyddfeydd gwerthwyr tai yng Nghymru a Lloegr. Cyfanswm o 228 o ymosodiadau i gyd, ac eiddo Saeson ddioddefodd fwyaf.

Mudiad yn dwyn yr enwau *Cadwyr Cymru* neu'r *Cymric Army* fu'r cyntaf i hawlio cyfrifoldeb am yr ymosodiadau, ond buan y daeth mudiad arall i'r amlwg. Roedd Meibion Glyndŵr wedi camu i'r llwyfan gwleidyddol Cymreig a doedd dim pall ar eu llosgi.

Am ddeuddeng mlynedd, hawliodd y Meibion benawdau'r newyddion yn rheolaidd wrth i dŷ haf ar ôl tŷ haf fynd yn wenfflam. Am ddeuddeng mlynedd gynhyrfus bu'r Meibion yn destun dicter, balchder, pryder a dathlu. Ond yn fwy na dim bu'r Meibion yn ddirgelwch llwyr.

Pwy oedd y bobl herfeiddiol hyn a grwydrai'r wlad liw nos yn dewis eu targed, cyn gweithredu ac yna osgoi'r canlyniadau? Pwy oedd y bobl eofn yma a wyddai'n iawn pa dai oedd y tai haf a pha dai haf oedd yn wag cyn cynnau'r tân? Pwy oedd y Rhys Gethin a honnai fod yn arweinydd y Meibion? Oedd yna'r ffasiwn fudiad? Ai rhith oedd y cwbl gydag unigolion yn gweithredu yma ac acw ac yn fodlon tadogi'u gweithredoedd ar y Meibion?

Cynigiwyd £80,000 am wybodaeth. Bu'r ymgyrch yn bwnc dramatig ar raglen deledu *Crimewatch UK*. Sefydlwyd uned arbennig o dditectifs i chwilio amdanynt. Arestiwyd pobl ar gam. Aed ag actorion, awduron a chantorion amlwg i'r ddalfa. Bu'r clustfeinio a'r gwylio'n rhemp. Teimlai'r gymuned Gymraeg ei bod yn gymuned o dan warchae wrth i holl rym y Wladwriaeth gael ei roi ar waith i chwilio am y llosgwyr – gwarchae, fe ellid dadlau, a wenwynodd y berthynas rhwng y Cymry Cymraeg a'r heddlu'n lleol am flynyddoedd. Adlewyrchwyd hynny'n sicr yn nhrafferthion yr heddlu i recriwtio Cymry Cymraeg i'w rhengoedd – trafferthion sy'n parhau hyd heddiw.

Drwy gydol y 1980au parhau wnaeth ymgyrch y Meibion gyda llythyrau rheolaidd yn cyrraedd ystafelloedd newyddion a newyddiadurwyr unigol – pob un yn hawlio cyfrifoldeb am y targed diweddaraf. Roedd bron pob llythyr wedi'i baratoi â stensil ac ar waelod pob llythyr roedd dau air, a'r ddau air hynny oedd: Rhys Gethin.

Daeth y cwbl i fwcl yn Llys y Goron, Caernarfon. Yn rhinwedd fy ngwaith fel gohebydd newyddion Radio Cymru, roeddwn yn bresennol drwy bob un o'r deugain diwrnod y parhaodd yr achos yn erbyn Siôn Aubrey Roberts, David Gareth Davies a Dewi Prysor Williams. Roedd y tri wedi'u cyhuddo o gynllwynio i achosi ffrwydradau.

Yn ôl cyfaddefiad yr erlyniad, rhyw jig-so o achos oedd o gyda'r amddiffyniad yn honni bod y diffynyddion yn cael eu herlyn am eu barn a'u cred wleidyddol a'r erlyniad, ar y llaw arall, yn honni bod y diffynyddion wedi croesi'r ffin denau honno rhwng bod yn ymgyrchwyr gwleidyddol diniwed a dilyn llwybr y terfysgwr.

Cyhuddwyd y tri o gynllwynio yn Llangefni, rhwng misoedd Ionawr a Rhagfyr 1991, o dan Adran 3 (1) (a) o Ddeddf Deunyddiau Ffrwydrol 1883, o achosi ffrwydradau o'r fath a fuasai'n achosi niwed difrifol i eiddo neu beryglu bywyd. Cyhuddwyd Siôn Aubrey Roberts a David Gareth Davies hefyd o anfon dyfeisiadau ffrwydrol yn cynnwys sodiwm clorad drwy'r post gyda'r bwriad o losgi, anharddu, anablu neu achosi niwed corfforol difrifol, ac o beryglu bywyd neu achosi difrod difrifol i eiddo.

Bu'r achos llys gerbron y barnwr, Mr Ustus Pill, yn un hanesyddol ar sawl cyfrif. I ddechrau, fe geisiodd yr erlyniad gynnal yr achos yn gaeëdig – *in camera*. Diogelwch y Deyrnas a roddwyd yn sail i'r cais, ond fe'i gwrthodwyd.

Yn ail, roedd yr erlyniad yn dibynnu bron yn llwyr ar dystiolaeth yr heddlu. Dyma'r dystiolaeth a gasglwyd dros gyfnod o bedwar mis fel rhan o'r hyn a elwid yn *Operation Seabird* ac *Operation Mountain*. O ganlyniad, bu hygrededd ac onestrwydd plismyn unigol o dan y chwyddwydr ar sawl achlysur.

Yn drydydd, hwn fu'r achos llys cyntaf erioed i aelodau'r Gwasanaethau Cudd (MI5) gynnig tystiolaeth mewn llys barn ar ran yr erlyniad. Yn draddodiadol cyfrifoldeb aelodau o Gangen Arbennig (*Special Branch*) yr Heddlu fu gwneud hynny ar ran y Gwasanaethau Cudd. Canlyniad hyn oedd codi cwr y llen ar ddulliau gweithredu corff a gyfyngwyd fel arfer i'r cysgodion.

Yn y diwedd cafwyd y tri diffynnydd yn ddi-euog o gynllwynio ond fe gafwyd Siôn Aubrey Roberts yn unig yn euog, a hynny o fwyafrif o 10-2 o aelodau'r rheithgor, o anfon dyfeisiadau ffrwydrol drwy'r post. Felly ar ddydd Gwener, 26ain Mawrth, 1993, dedfrydwyd y llanc 21 oed o Walchmai, Ynys Môn, i garchar am ddeuddeng mlynedd. Y fo yw'r unig un erioed i gyfaddef iddo fod yn aelod o Feibion Glyndŵr.

Hyd y gwyddys, ni losgwyd tŷ haf wedi hynny. Ond erys sawl cwestiwn. Sut y bu i genedlaetholdeb heddychlon a di-drais, fu'n *modus operandi* Plaid Cymru a Chymdeithas yr Iaith Gymraeg gyhyd, droi'n sydyn yn weithredu mor dreisgar? Beth yn union fu rhan Gwasanaethau Cudd Prydain i barhad ac i ddiwedd yr ymgyrch?

Ond yn bwysicach na dim faint o bobl gyffredin y Gymru Gymraeg wyddai am weithgareddau'r Meibion, ond a beidiodd â datgelu'r wybodaeth i'r awdurdodau?

Mae'n ddiogel casglu bod cydymdeimlad eang a niferus, hyd yn oed ymhlith y plismyn eu hunain, i'r ymgyrch. Heb os, roedd Meibion Glyndŵr wedi taro tant ac wedi deffro rhyw hen ymwybyddiaeth, a go brin y buasai'r ymgyrch wedi llwyddo heb gydymdeimlad a chefnogaeth dawel brodorion y cymunedau Cymraeg. Mor wir yr awgrymodd un plismon amlwg pan oedd yr ymgyrch yn ei hanterth: 'Yn rhywle mae rhywun yn gwybod rhywbeth'.

Dymunaf ddiolch i bawb fu'n gefn i mi wrth baratoi'r crynhoad yma o gyfnod cynhyrfus yn hanes y Gymru fodern.

Alwyn Gruffydd,
Tremadog, Rhagfyr 2004.

Pennod 1

TÂN OER

Nos Fercher, 12fed Rhagfyr, 1979, roedd dau lanc ym Mhen Llŷn yn rhoi ystyriaeth ddwys a difrifol i weithredu'n uniongyrchol yn erbyn tai haf. Teimlai'r ddau nad oedd dewis arall. Teimlai'r ddau mai digon oedd digon. Eu penderfyniad oedd cyfarfod eto ymhen yr wythnos i roi'r cynllwyn ar droed ar gyfer rhoi tŷ haf ar dân. Gorchwyl y ddau dros yr wythnos i ddod oedd canfod targed addas, sicrhau bod yr eiddo'n wag, darparu deunydd ar gyfer cynnau'r tân a pharatoi'r ffordd fwyaf effeithiol o ddianc oddi yno heb i neb eu gweld na'u clywed.

Ond ni wireddwyd eu cynllwyn. Fe'u goddiweddwyd gan ddigwyddiadau a datblygiadau a gipiodd y penawdau. Yn ddiarwybod i'r ddau lanc roedd eraill ar yr un trywydd, ac o fewn pedair awr ar hugain iddynt gyfarfod aeth y tai haf cyntaf yn wenfflam gan ddynodi dechrau ymgyrch losgi oedd i barhau am dros ddegawd.

I roi'r digwyddiadau hyn i gyd yn eu cyd-destun hanesyddol, ni ellir dweud i 1979 fod yn flwyddyn arbennig o galonogol. Mewn refferendwm ar Ddydd Gŵyl Dewi, o bob diwrnod, gwrthododd pobl Cymru, a hynny o bedwar i un, y cyfle cyntaf i sicrhau mesur o hunan reolaeth i'r genedl ers diwedd teyrnasiad Owain Glyndŵr 570 mlynedd ynghynt. Hyd yn oed yn y Wynedd wledig, Gymraeg dim ond 37,396 allan o'r 108,553 a bleidleisiodd o blaid datganoli'n y sir. I bob pwrpas roedd cenedl y Cymry wedi derbyn mai fel aelod cyflawn o'r Wladwriaeth Brydeinig yr oedd ei dyfodol. Ofer oedd sôn am ymreolaeth. Ofer oedd herio'r drefn. Roedd pobl Cymru wedi derbyn yn ddigwestiwn holl fwganod a bygythiadau'r gelynion.

Yna yn oriau mân 4ydd Mai y flwyddyn honno, daeth

canlyniadau pleidlais arall oedd gymaint os nad yn fwy arwyddocaol. Roedd Margaret Hilda Thatcher wedi arwain y Blaid Geidwadol – yr Unoliaethwyr Prydeinig – i fuddugoliaeth ysgubol mewn Etholiad Cyffredinol – y wraig gyntaf i gael ei hethol yn Brif Weinidog Prydain. Sicrhaodd y Ceidwadwyr 339 o seddi Tŷ'r Cyffredin gan adael 269 o aelodau'r Blaid Lafur i weithredu fel gwrthblaid am y deunaw mlynedd nesaf. Cafwyd *swing* o 5.2% i'r Toriaid – y *swing* mwyaf ers buddugoliaeth y Blaid Lafur yn Etholiad Cyffredinol 1945. Collodd y Rhyddfrydwyr ddwy sedd, collodd Gwynfor Evans sedd Caerfyrddin gan adael dau aelod Plaid Cymru ar ôl yn San Steffan a chollodd genedlaetholwyr yr Alban (SNP) naw sedd gan ddal eu gafael mewn dim ond dwy.

Heb os roedd y Ceidwadwyr ar frig y don a 'Thatcheriaeth' yn ychwanegiad i'r eirfa wleidyddol, a phwy all anghofio geiriau'r Prif Weinidog newydd wrth iddi sefyll ar riniog drws Rhif 10 Stryd Downing y diwrnod hwnnw: 'Lle y mae anghydfod boed i ni ddod â chytundeb, lle y mae anobaith boed i ni ddod â gobaith'.

Ond o fewn misoedd, fe ddaeth hi'n amlwg mai geiriau gwag oedd geiriau Margaret Thatcher. Roedd y Ddynes o Haearn am ddilyn llwybr oedd ymhell o fod yn creu cytundeb ac ymhell o fod yn cynnig gobaith. Oherwydd conglfaen athroniaeth Thatcheraidd oedd hunanoldeb trachwantus – pawb drosto'i hun oedd pia hi – doedd dim lle i'r fath beth â chymuned na chymdeithas. Roedd ei sêl dros ei pholisïau economaidd a chymdeithasol yn ddidrugaredd. Aeth ati i docio grym undebaeth lafur ac fe wnaeth hynny heb unrhyw ystyriaeth i effaith y gweithredu hynny ar unigolion, eu teuluoedd a'u cymunedau – a Chymru ddioddefodd fwyaf. Roedd y genedl yn gwbl ddiamddiffyn.

Yn y Gymru ddiwydiannol, cododd diweithdra ar gyflymdra annirnadwy wrth i gymunedau glofaol a dur y de a'r gogledd ddwyrain fod y rhai cyntaf i deimlo brathiad Margaret Hilda. Nid eithriad oedd clywed am gannoedd o weithlu Cymru'n cael eu rhoi ar y clwt ar un diwrnod.

Ni fu cymaint o gwymp yn nifer y swyddi yn y Gymru wledig – yn bennaf am nad oedd swyddi yno i'w colli erbyn 1979. Roedd hynny wedi digwydd ers deng mlynedd ar hugain wrth i ddulliau a thechnoleg amaethyddol newydd, a fabwysiadwyd yn dilyn yr Ail Ryfel Byd, olygu llai o alw am weithwyr ar y tir.

Wrth i'r diwydiant amaethyddol grebachu, trodd golygon trigolion cefn gwlad Cymru at dwristiaeth. Cyn yr Ail Ryfel Byd, trigolion goludog dinasoedd gogledd a chanolbarth Lloegr, at ei gilydd, oedd crynswth y rhai dreuliai'u gwyliau yn nhrefi a phentrefi traethau Bae Ceredigion. Ond ar ôl y rhyfel agorwyd y fflodiart. Roedd pobl gyffredin y dinasoedd hynny hefyd am wyliau ar lan y môr. Agorwyd gwersylloedd arbennig ar eu cyfer a gwelodd unigolion megis Billy Butlin bosibiliadau busnes enfawr yn y gwersylloedd hyn.

Erbyn y 1950au roedd yr ymwelwyr yn mentro y tu hwnt i byrth y gwersyll ac yn troi at y brodorion lleol am lety. O ganlyniad gwelwyd twf syfrdanol a phroffidiol yn y diwydiant gwely a brecwast a ddatblygodd yn ddiwydiant hunan arlwyo ar ôl hynny. Er y tynnu coes wrth i ambell ŵr y tŷ ddioddef gorfod cysgu mewn 'rhyw drap llgodan o giamp bed', chwedl Ifas y Tryc, er mwyn gwneud lle i'r 'fusitors', bu'r gweithgaredd yn hwb economaidd nid ansylweddol.

O bosib mai dyma'r unig gyfnod pan fu'r diwydiant ymwelwyr o werth gwirioneddol i ardaloedd cefn gwlad Cymru. Ond ni pharodd yn hir.

Gyda dyfodiad y 1960au roedd bryd yr ymwelwyr ar wyliau mewn carafanau ac ymatebodd yr awdurdodau cynllunio drwy roi caniatâd i gannoedd o feysydd carafanau o Amlwch i Arberth. Ar y dechrau, roedd y rhan fwyaf o'r ymwelwyr yn rhentu carafán am wythnos neu bythefnos ar y tro, ond buan y datblygodd yr arferiad i deuluoedd brynu eu carafán eu hunain.

Wrth i economi Lloegr gryfhau ac economi cefn gwlad Cymru wanychu'n fwyfwy, buan y sylweddolodd yr ymwelwyr ei bod hi cyn rhated, os nad yn rhatach, iddynt brynu tŷ i dreulio gwyliau ynddo yng nghefn gwlad Cymru yn hytrach na rhentu neu brynu carafán. Wedi'r cwbl onid oedd prynu tŷ'n fuddsoddiad a fyddai'n sicr yn cynyddu'n ei werth?

Buan y deilliodd yr arferiad newydd yma ar annhegwch cymdeithasol dybryd wrth i bobl leol geisio, ar gyflogau bach, gystadlu am gartref yn erbyn prynwyr o'r tu allan oedd ar gyflogau uwch ac yn gallu fforddio nid un, ond dau dŷ.

Erbyn diwedd y 1970au roedd 7,700 o dai haf yng ngogledd Cymru gyda'u hanner nhw yn ardaloedd Dwyfor (sef Llŷn ac Eifionydd) lle'r oedd chwarter y tai'n dai haf, a Meirionnydd lle roedd 17% o holl dai'r ardal yn dai haf gan godi i 30% mewn chwe chymuned. Yn Aber-soch, roedd hanner tai'r pentref yn dai haf a'r un oedd y sefyllfa ar hyd glannau Bae Ceredigion. Yng Ngheinewydd ger Aberaeron, er enghraifft, roedd y boblogaeth frodorol a pharhaol o 700 yn cynyddu i 15,000 yn ystod misoedd yr haf, gyda 37 allan o 49 o fusnesau'r pentref yn cau yn ystod y gaeaf.

Roedd hi'n argyfwng ac roedd yr hyn a ddigwyddodd wedi hynny bron yn anorfod.

Pennod 2

CYNNAU'R FFLAM

Yn oriau mân bore Iau, 13eg Rhagfyr, 1979, codwyd diffoddwyr rhan amser brigâd dân tref Nefyn o'u trwmgwsg. Doedd dim byd yn newydd yn hynny i Brif Swyddog Gorsaf Nefyn, Gareth Hughes, a'i dîm. Roedd codi yng nghanol nos yn rhan annatod o'u cyfrifoldeb. Roedden nhw wedi'u hyfforddi i ateb galwadau brys ar amrantiad. Sgrialodd eu ceir a'u beiciau i gyfeiriad yr Orsaf Dân.

Prin bod raid iddyn nhw ofyn ble'r oedd yr argyfwng a darfodd ar eu breuddwydion y bore hwnnw. Roedd y tân i'w weld yn glir wrth i wreichion fflachio fry uwchben y dref. Trodd yr injan dân i gyfeiriad Mynydd Nefyn ond ofer fu'r daith fer. Oherwydd erbyn i'r diffoddwyr gyrraedd roedd Tyddyn Gwêr yn gragen ulw, heb do, heb ddim. Tŷ haf yn eiddo i deulu o Newcastle-Under-Lyne oedd Tyddyn Gwêr. Roedd yr ymgyrch losgi tai haf wedi dechrau.

Ond nid Tyddyn Gwêr oedd yr unig dŷ haf i'w losgi yn Llŷn y noson honno. Fore trannoeth fe ddaeth hi'n amlwg hefyd i'r llosgwyr ymweld â Sŵn y Môr yn Llanbedrog ac o fewn y dyddiau canlynol daeth adroddiadau cyffelyb am ddau dŷ haf arall ym Mhennal ger Machynlleth a dau dŷ haf arall wedyn yn Llanrhian yn Sir Benfro – un o'r tai hynny'n eiddo i Robert Roberts a'i wraig Chris, teulu o Gymry Cymraeg o Twickenham, Llundain.

Nid oedd y targedau cyntaf hyn heb ei harwyddocâd. Roedd y llosgwyr wedi mynd ati'n fwriadol i ddangos nad ymosodiadau mympwyol mo'r rhain. Roedden nhw am bwysleisio bod yna ymgyrch ar droed – ymgyrch wedi'i chynllunio'n ofalus ac i bwrpas.

Roedd y llosgwyr am ddangos hefyd bod eu hymgyrch yn cwmpasu pob cwr o'r Gymru Gymraeg. Does dim dwywaith ychwaith bod y targedau cyntaf yn dangos mai tynnu sylw at effaith ddifaol tai haf ar y cymunedau Cymraeg oedd y bwriad – boed y perchnogion yn siarad Cymraeg ai peidio.

Ymhen yr wythnos, cafwyd rhagor o danau – un o'r rheiny, unwaith eto, ym Mynydd Nefyn. Cadarnhaodd yr heddlu bod tystiolaeth i rywrai dorri i fewn i Tai Ffolt cyn cynnau y tân. Cafwyd ysbaid yn yr ymgyrch dros y Nadolig a'r Calan gan ail gydio wedyn ar 15fed Ionawr, 1980 – y tro yma dros y Fenai yn Ynys Môn. Roedd Glan Afon yn Llanbedr-goch yn dŷ haf yn eiddo i deulu o Swydd Derby, ac roedd y tân yn amlwg wedi bod yn mudlosgi ers amser fel y tystiodd Mrs Jane Griffith, Tŷ Gwyn; 'Es i heibio Glan Afon a chael fy synnu o weld nad oedd to ar ôl ar y tŷ. Penderfynais gael golwg well a dyna pryd y gwelais i dwmpath o rwber yn mygu y tu mewn.'

Erbyn diwedd y mis cyntaf gwelwyd nifer o danau eraill ar hyd a lled Cymru o Benrhyndeudraeth i Langadog ac i Abermiwl, rhwng y Drenewydd a'r Trallwng, gan godi'r nifer o ymosodiadau i 22 – sef pymtheg yn yr hen Sir Gwynedd, chwech yn Nyfed ac un ym Maldwyn. Roedd pob un o'r targedau yn fythynnod gwyliau ac roedd yr ymgyrch eisoes yn cael effaith ac yn codi braw.

Ym Mhlas Trefarthen ger Brynsiencyn yn Ynys Môn, cyfarthiad y ci ddeffrodd Margaret Farthing toc wedi hanner nos ar 17eg Ionawr. Heb feddwl dwywaith, ffoniodd y wraig i filiwnydd o Lannau Mersi yr heddlu. Onid oedd eiddo Saeson fel hi'n darged i losgwyr? Onid oedd ei phlasty 16 llofft ar lan Afon Menai yn darged tebygol? Ond dychymyg Mrs Farthing oedd y cwbl, a buan y cyhoeddodd yr heddlu nad oedd gan beth bynnag a barodd i'r ci gyfarth y noson honno un dim i'w wneud ag unrhyw ymgyrch losgi.

Ddiwedd Ionawr cafwyd rhybudd gan Ddirprwy Bennaeth CID Heddlu'r Gogledd, y Ditectif Uwch

Arolygydd Gwyn Owen, ar i berchnogion tai haf fod ar eu gwyliadwriaeth, ac ar 29ain Ionawr, derbyniwyd y cyntaf o rai degau o lythyrau i gyrraedd drwy'r post i Ystafell Newyddion y BBC ym Mryn Meirion, Bangor, yn hawlio cyfrifoldeb am yr ymosodiadau. Roedd y llythyr cyntaf yma oddi wrth Cadwyr Cymru/*The Cymric Army*. Roedd wedi'i bostio yn y Bala.

Ar 2il Chwefror, 1980 daeth gwybodaeth fanwl i ddwylo arbenigwyr fforensig yr heddlu ynglŷn â dulliau'r llosgwyr. Hyd yn hyn, llosgwyd unrhyw dystiolaeth gan rym y tanau ond pan gyrhaeddodd Mrs Angela Southwood, Pant Pistyll, ei thŷ haf yn Llanrhaeadr-ym-Mochnant am 10.00 o'r gloch y noson honno fe welodd ddwy ddyfais cynnau tân yn y tŷ. Gwelodd wifrau a gwelodd bowdr llwyd. 'Roedd y dyfeisiadau'n hisian,' meddai'r wraig o Eastham, Penrhyn Cilgwri.

Y *Cymric Army* hawliodd gyfrifoldeb unwaith eto a hynny drwy lythyr a bostiwyd, y tro hwn, yng Nghroesoswallt.

Ar 18fed Chwefror, 1980 dau dŷ yng ngorllewin Môn fu'r targedau. Bwthyn gwyngalchog yn eiddo i drydanwr o Lerpwl oedd Rhedyn Coch Bach yn Niwbwrch ac eiddo Stad Bodorgan oedd Tŷ Croes, Aber-ffraw. Bu tân mewn tŷ haf arall y noson honno yn Nhaf Fechan ger Merthyr Tudful.

Symudodd sylw'r llosgwyr i gyfeiriad Ceredigion yn ddiweddarach yn y mis gan losgi tŷ haf wedi'i leoli ar ffordd fynyddig unig rhwng Llanllwni a Llanbedr Pont Steffan. Yr un noson llosgwyd tŷ haf arall yn Nhalgarreg.

Dychwelodd y llosgwyr i Wynedd erbyn diwedd y mis gyda llosgi dau dŷ haf o fewn chwe chan llath i'w gilydd yn Nhanygrisiau ger Blaenau Ffestiniog. Roedd Bryn Weddol yn eiddo i deulu o Yeovil yng Ngwlad yr Haf a Cwm Teigl yn eiddo i deulu o Kew yn Llundain.

Yn nechrau mis Mawrth cyrhaeddodd y llosgi Ddyffryn Nantlle gydag ymosodiad ar dŷ haf yn Nrws y Coed. Roedd y tŷ'n eiddo i un o ysbytai Llundain ac fe gondemniwyd yr ymosodiad gan y Gweinidog Gwladol yn y Swyddfa Gymreig, Syr Wyn Roberts.

Ar 4ydd Mawrth ymosodwyd ar Glanrafon yng Nghorris ger Machynlleth ac yna Buarth Bach ym Mhrion ger Dinbych.

Ar 10fed Mawrth, trodd golygon y llosgwyr at faes carafanau yn Rhosygwaliau ger y Bala pan dderbyniodd y perchennog Robert Davies a'i wraig, Sue, lythyr bygythiol. Roedd y llythyr wedi'i bostio ym Mlaenau Ffestiniog. Roedd Mr a Mrs Davies yn hanu o Swydd Hertford.

Ddeuddydd yn ddiweddarach ymddangosodd cysgodlun (*silhouette*) o derfysgwr Cymreig honedig ar raglen nosweithiol teledu'r BBC ar y pryd, *Nationwide*. Cododd adroddiad y gohebydd Bill Kerr Elliott nyth cacwn. Ymddangosodd llythyrau ym mhapur newydd *The Times* ynglŷn â'r eitem a chyhuddodd Prif Gwnstabl Heddlu'r Gogledd, Philip Myers, yr adroddiad o fod yn: 'eithriadol anghyfrifol, yn wallus ac yn ddi-werth – gan ffinio ar fod yn dwyllodrus'.

Parhaodd yr ymosodiadau ar dai haf oedd yn eiddo i Gymry hefyd. Ar 22ain Mawrth, 1980, llosgwyd tŷ haf yng Nghenarth yn Nyffryn Teifi. Y perchennog oedd Dennis Jones o Gaerdydd. Hwn oedd y nawfed ymosodiad ar hugain o fewn ychydig dros dri mis, ac ymhen yr wythnos roedd tri arall hefyd wedi'u hychwanegu at y rhestr. Teulu o Huddersfield oedd yn berchen Plas Bach, Aberdaron a theulu o Swydd Gaerwrangon oedd yn berchen *Shephard's Cottage* yn Mallwyd. Roedd y trydydd tŷ yn ardal Llanberis.

Yn Ynys Môn y bu'r ymosodiad nesaf wrth i dân ddinistrio Pen y Bwlch, bwthyn diarffordd uwchlaw Traeth Coch ger Pentraeth – tŷ haf oedd yn eiddo i ŵr o Bury St Edmunds, ac ymhen yr wythnos bu ymgais i roi Pant yr Odyn, tŷ haf ger Dolgellau, ar dân.

Ddechrau fis Ebrill, 1980 bu tân ym Mryn y Felin,

Penyffordd, Ffynnongroyw yn Sir y Fflint, ac ar 16eg Medi, cafwyd tanau cyntaf ail aeaf yr ymgyrch gydag ymosodiadau ar ddau dŷ haf yn Nhanygrisiau ger Blaenau Ffestiniog. Roedd y naill yn eiddo i feddyg o Fanceinion a'r llall i dafarnwr o Birmingham.

Ar 30ain Hydref, dychwelodd y llosgwyr i Fynydd Nefyn. Gwelwyd mwg yn codi o Cae Glas am 8.00 o'r gloch y bore gan ffermwr lleol. Roedd y tŷ'n eiddo i deulu o Nottingham. Yr un noson bu ymgais hefyd i roi tŷ haf ar dân yn Llaniestyn, eto yn Llŷn. Roedd y tŷ hwn yn eiddo i deulu o Stoke-on-Trent ac yna chwe niwrnod yn ddiweddarach ymosodwyd ar dŷ haf yng Nghricieth. Cyfreithiwr wedi ymddeol o Southport oedd perchennog Tŷ'r Felin.

Llosgwyd tŷ haf cyntaf 1981 ar ddydd cyntaf y flwyddyn yng Ngwynfe ar y Mynydd Du yn Sir Gaerfyrddin ond bu'n rhaid aros mis hyd nes y cafwyd yr ail a'r trydydd ymosodiad. Y naill yn Pen Top, Capel Garmon, yn eiddo i feddyg o Salford, a'r llall yn Cae Mawr, Waunfawr, sef tŷ yn eiddo i Richard Birch, arbenigwr ar goed yn gyflogedig gan Gyngor Sir Gwynedd. Roedd o'n byw gyda'i wraig a'u tri phlentyn yn y tŷ ond oddi cartref ar y pryd. Cafodd Richard Birch a'i deulu gryn sylw yn y newyddion dros y dyddiau'n arwain at yr ymosodiad oherwydd ei feirniadaeth o bolisi iaith ysgolion Gwynedd, ac yn arbennig ynglŷn â gweithredu'r polisi hwnnw yn Ysgol Waunfawr. Erbyn hynny roedd nifer yr ymosodiadau bron wedi cyrraedd yr hanner cant.

* * *

Daeth dyddiau Cadwyr Cymru/*The Cymric Army* i ben yn y llysoedd barn.

Yn Llys y Goron yr Wyddgrug cyhuddwyd Eurig ap Gwilym, coedwigwr 50 mlwydd oed o Ddolgellau, a dau weithiwr dur, John Edward Deakin Roberts, 22, ac Edward

Stanley Gresty, 36, y naill o Shotton a'r llall o Gei Cona, o gynllwynio i achosi difrod troseddol i ddau dŷ haf sef Garth Cottage yn Rhosygwaliau ger y Bala a Ty'n y Coed, Dolgellau. Defnyddiwyd cannwyll a pharaffin ar gyfer y gwaith.

Carcharwyd Eurig ap Gwilym, a aned yn Wolverhampton, am ddwy flynedd tra mai deunaw mis o garchar gafodd y sawl gyfaddefodd ysgrifennu llythyr at y BBC ar ran Cadwyr Cymru, John Edward Deakin Roberts. Naw mis gafodd Edward Stanley Gresty ac anfonwyd Alan Beeston i garchar am bymtheng mis. Wrth eu dedfrydu dywedodd Mr Ustus Waterhouse: 'Nid yw cymhelliad gwleidyddol neu gymdeithasol yn amddiffyniad dros gynnau tân yn fwriadol'.

Yna anfonwyd John Stuart Speckman (22) ac Anthony Thomas Lappin (22), ill dau o Ffynnongroyw, Sir y Fflint, i garchar am dair blynedd yn Llys y Goron, Caer am gynnau tân mewn tŷ haf o'r enw Bryn y Felin ym Mhenyffordd ger Treffynnon ym mis Mawrth 1980. Clywodd y llys fod y ddau'n cydymdeimlo ag ymgyrch Cadwyr Cymru ond heb fod yn aelodau. Yn ôl y Barnwr Robin David QC, roeddent wedi ymddwyn yn 'blentynnaidd ac anaeddfed'.

Pennod 3

MEIBION Y WAWR

Lai na mis ar ôl i'r ymgyrch losgi ddechrau, daeth ugain o genedlaetholwyr sosialaidd at ei gilydd yng Nghaerdydd a sefydlu y Mudiad Gweriniaethol Sosialaidd Cymreig.

Nod y mudiad oedd gwrthwynebu effeithiau polisïau economaidd llywodraeth Margaret Thatcher ar gymoedd de Cymru. Erbyn hynny, roedd lefel diweithdra drwy wledydd Prydain wedi codi i ddwy filiwn bron, a chafwyd rhybuddion gan undebwyr llafur amlwg yn Lloegr o'r ymddygiad treisgar a allasai godi o ddiweithdra o'r fath.

Ddeufis yn ddiweddarach roedd Evan Davies o Borthmadog, gyrrwr trên o ran ei alwedigaeth, yn mynd â'i gi am dro ger gorsaf Rheilffordd Ffestiniog yn y dref pan darodd ei lygaid ar bwced plastig ar y platfform.

Y tu mewn i'r bwced roedd yna ddyfais cynnau tân a galwodd ar y gwasanaethau brys. Gofynnwyd i bobl leol adael eu cartrefi rhag i'r ddyfais ffrwydro a bu'n rhaid i staff siop Recordiau'r Cob gerllaw adael eu gwaith nes i arbenigwyr difa bomiau gyrraedd yno, gyda hofrennydd, i ddelio â'r ddyfais.

Ymhen deng niwrnod (29ain Mawrth), cafwyd bomiau tân eraill yn swyddfeydd y Blaid Geidwadol yng Nghaerdydd ac yn Shotton ar lannau Dyfrdwy. Yn ôl y Ditectif Brif Uwch Arolygydd Gwyn Owen, Pennaeth CID Heddlu'r Gogledd: 'Roedd y ddyfais yn Shotton yn debyg i'r dyfeisiadau a ddefnyddiwyd mewn ymosodiadau ar dai haf'.

Roedd y ddyfais yng Nghaerdydd, fodd bynnag, yn debyg i'r un gafwyd ym Mhorthmadog, ac mewn llythyr at y BBC dywedwyd bod y bomiau'n brotest yn erbyn polisïau'r llywodraeth Dorïaidd o ddiswyddo gweithwyr yn y diwydiannau glo a dur.

Dros y misoedd a ddilynodd, ymosodwyd ar nifer o sefydliadau gwleidyddol fel swyddfeydd recriwtio'r fyddin, swyddfeydd lleol y Blaid Geidwadol a swyddfeydd y llywodraeth megis canolfannau casglu'r dreth incwm ac yn y blaen. Galwodd Aelod Seneddol Ceidwadol Maldwyn, Delwyn Williams, ar i dditectifs o *Scotland Yard* gael eu galw i ymchwilio i'r ymosodiadau.

Ymysg eu hymosodiadau mwyaf herfeiddiol a pheryglus oedd yr un ar fin nos, 18fed Gorffennaf, 1980, pan osodwyd dyfais cynnau tân ar silff ffenestr llofft Rupert, mab 16 mlwydd oed yr Ysgrifennydd Gwladol, Nicholas Edwards yng nghartref y teulu ym Melin Penesgob ger Crughywel. Ychydig oriau ynghynt roedd dyfais debyg wedi'i darganfod yng Nghlwb y Torïaid yn Heol Caerffili, Caerdydd.

Ar 28ain Medi, 1981 arllwyswyd petrol drwy ffenestr Swyddfa'r Dreth Incwm yn y Rhyl, ac mewn llythyr at y BBC hawliodd mudiad o'r enw *Celtic International Brigade* gyfrifoldeb am yr ymosodiad hwn.

Ym mis Hydref 1981, bu Swyddfa Recriwtio'r Fyddin ym Mhontypridd yn darged ac yna ychydig ddyddiau'n ddiweddarach, Swyddfa'r Gorfforaeth Ddur yng Ngabalfa. Y tro yma WAWR (*Welsh Army for the Workers' Republic*) dderbyniodd y cyfrifoldeb. Gwadodd mudiad Merched y Wawr unrhyw gysylltiad â'r bomio!

Cyhuddwyd aelodau blaenllaw o Fudiad Gweriniaethol Sosialaidd Cymreig o gynllwynio i achosi ffrwydradau yn enw WAWR. Yn niwedd 1983, carcharwyd Dafydd Ladd am naw mlynedd am fod â digon o ddeunydd ffrwydrol ar gyfer cynhyrchu saith o fomiau yn ei feddiant gan Mr Ustus Farquharson yn Llys y Goron, Caerdydd. Carcharwyd John Jenkins (cyn-arweinydd Mudiad Amddiffyn Cymru) hefyd am ddwy flynedd am roi lloches i Dafydd Ladd gan wybod bod yr heddlu'n chwilio amdano.

Ond cafwyd pump arall sef Adrian Stone, David Burns, Nicholas Hodges, a Robert Griffiths (a Gareth Westacott hefyd ar ôl iddo ildio ei hun i'r awdurdodau'n ddiweddarach) yn ddi-euog.

Yn y llys cyhuddwyd yr heddlu o greu camdystiolaeth yn erbyn y diffynyddion a chynhaliwyd ymchwiliad yn ddiweddarach ar ran Ymgyrch Cymru dros Hawliau Sifil a Gwleidyddol. Roedd yr ymchwiliad yng ngofal yr Arglwydd Gifford QC, yr hanesydd John Davies, a Chadeirydd y Blaid Lafur ar Gyngor Dinas Caerdydd, Tony Richards, a chyhoeddwyd eu casgliadau o dan y teitl *Political Policing in Wales*. Un o'r casgliadau pwysicaf oedd nodi'r angen am ganllawiau a rheolau llymach er mwyn gwarchod hawliau'r unigolyn rhag ymyrraeth y wladwriaeth.

Ond ni fu ymosodiad pellach gan WAWR.

* * *

Yn hwyr nos Sadwrn, 2il Ionawr, 1982, ffrwydrodd dyfais cynnau tân y tu cefn i swyddfeydd y Bwrdd Glo yn Stryd Bouverie yng nghanol Llundain ger Stryd y Fflyd. Tua'r un pryd, ffrwydrodd dyfais arall yn Swyddfeydd Awdurdod Dŵr Hafren-Trent yn Birmingham.

Bu cryn ddryswch ynglŷn â phwy'n union fu'n gyfrifol am yr ymosodiadau. Mewn galwad ffôn i bapur newydd dyddiol hawliodd mudiad yn dwyn yr enw *Welsh Army London* gyfrifoldeb tra oedd galwr i swyddfeydd yr un papur ym Manceinion yn honni mai'r *Welsh Liberation Army* a wnaeth y weithred. Aeth trydydd galwad ffôn i swyddfeydd ITN (Independent Televison News) yn honni mai'r *National Workers' Army* fu'n gyfrifol.

Ond fe fu trydydd ymosodiad hefyd y noson honno (er na ffrwydrodd y ddyfais) a hynny ar swyddfeydd IDC (International Design and Construction) yn Stratford-upon-

Avon. Roedd IDC yn gwmni rhyngwladol gyda swyddfeydd ar draws Ewrop, De America a'r Unol Daleithiau, ac ymysg y rhai oedd yn derbyn cydnabyddiaeth ariannol gan y cwmni am eu rôl fel ymgynghorydd roedd gŵr y Prif Weinidog, Dennis Thatcher.

Yn 1967, gwerthodd yr Arglwydd Harlech lain o dir, 25 erw o faint, i Gyngor Dosbarth Gwledig Deudraeth. Cafodd y cyngor ganiatâd cynllunio gan Gyngor Sir Feirionnydd i godi 63 o dai arno ond fe werthwyd yr eiddo i ddatblygwyr o Stratford-upon-Avon, *Housing Development & Construction* (HDC), is-gwmni i IDC.

Ond erbyn dechrau'r 1980au, oherwydd treigl amser, roedd rhaid cyflwyno cais o'r newydd i adnewyddu'r caniatâd gwreiddiol hwnnw. Fe'i gwrthodwyd gan Bwyllgor Parc Cenedlaethol Eryri oherwydd bod y cais yn groes i un o bolisïau cynllunio canolog Cyngor Sir Gwynedd sef: 'Lle mae'r cynnydd mewn ail gartrefi'n achosi pryder dylid cyfyngu tai newydd ar gyfer anghenion lleol yn unig'.

Apeliodd IDC i'r Swyddfa Gymreig ac ar ddiwedd haf 1981 glaniodd llythyr ar ddesg yr Ysgrifennydd Gwladol, Nicholas Edwards, ar bapur swyddogol swyddfa'r Prif Weinidog yn Stryd Downing. Awdur llythyr *Dear Nick*, fel y cafodd ei alw, oedd Dennis Thatcher. Roedd am wybod beth oedd yn gyfrifol am yr arafwch ynglŷn â delio ag apêl cwmni IDC.

Do, fe lwyddodd apêl cwmni IDC yn y diwedd a dyfarnodd yr Ombwdsman, dair blynedd yn ddiweddarach, nad oedd llythyr Dennis Thatcher at Nicholas Edwards wedi cyfrannu tuag at y penderfyniad terfynol hwnnw. Yn ei ddyfarniad, fodd bynnag, fe leisiodd yr Ombwdsman bryder ynglŷn â thynged ffeil o'r Swyddfa Gymreig yn ymwneud yn benodol â chwmni IDC. Hyd y gwyddys mae'r ffeil honno dal ar goll.

Cafodd cwmni IDC sylw pellach yn ddiweddarach pan gafodd y cwmni ei feirniadu am safon y gwaith adeiladu yn hosteli'r nyrsys yn Ysbyty Gwynedd ym Mangor. Cytundeb proffidiol arall, bid siŵr, a gafwyd drwy law'r Swyddfa Gymreig.

Pennod 4

MEIBION Y FFLAM

Ar 6ed Chwefror, 1981 y cafwyd yr awgrym cyntaf o fudiad gweriniaethol newydd a oedd i gynnau'r tanau a chreu'r penawdau dros y ddegawd nesaf. Roedd yr awgrym hwnnw mewn llythyr ddaeth drwy'r post i swyddfa BBC ym Mangor ac roedd y llythyr oddi wrth Feibion Glyndŵr.

Wedi'i ysgrifennu gyda phin ffelt, ac wedi'i bostio ym Mhorthmadog, hawliodd y llythyr gyfrifoldeb am ymosodiadau diweddar ar dai haf ac eiddo eraill gan Saeson.

Cyfeiriodd y llythyr yn benodol at ymosodiad ar gychod yn cael eu cadw ym Mhenyberth ger Pwllheli – safle'r weithred hanesyddol honno 35 mlynedd ynghynt pan gynheuwyd y 'Tân yn Llŷn' yn erbyn yr ysgol fomio arfaethedig yno. Carcharwyd y darlithydd coleg Saunders Lewis; y gweinidog gyda'r Bedyddwyr, Lewis Valentine; a'r athro ysgol, D.J. Williams am eu rhan yn y llosgi hwnnw.

Er mwyn profi dilysrwydd y llythyr, cyfeiriodd at Mariner 111 sef enw un o'r cychod a ddifrodwyd, a hawliodd y llythyr gyfrifoldeb hefyd am ymosodiadau ar dŷ haf yn Llannor ger Pwllheli a dau dŷ haf arall yn Nhrefdraeth yn Sir Benfro yr un pryd.

Gwadodd y Meibion Glyndŵr arall, sef côr adnabyddus o'r un enw o ardal Edeyrnion, unrhyw gysylltiad â'r llythyr na'i gynnwys!

Ddechrau Mawrth 1981, cafwyd pum ymosodiad arall ar dai haf dros ardal eang o Ddeiniolen yn Arfon i Lanfynydd yn Sir Gaerfyrddin ynghyd â llythyr arall gan Feibion Glyndŵr yn hawlio cyfrifoldeb am y gweithredu hynny. Ffrwydrodd dyfais gynnau tân gan ddifrodi llawr isaf hefyd yn Adran Amaeth y Swyddfa Gymreig yng Nghaerdydd.

Tŷ haf yn eiddo i Gymro arall fu'r targed ddechrau Ebrill. Roedd y tŷ yn Rhydlewis, ar fin y briffordd rhwng Aberteifi ac Aberystwyth yn eiddo i Ceri Jones, pensaer yn Abertawe. Cwmni bwydydd wedi'u rhewi o Stourbridge oedd perchennog Glanrafon yn Llanfihangel y Creuddyn – *Malatov Cocktail* drwy'r ffenestr fu'r dull a fabwysiadwyd yno i gynnau'r tân.

Bu'n rhaid aros tan 21ain Hydref, 1981, am yr ymosodiadau nesaf. Roedd Pen y Ceunant Isaf ar lethrau'r Wyddfa ger Llanberis ac yn eiddo i deulu o Birmingham, gyda Penrallt yn Llandyfrydog ger Llannerch-y-medd a *The Lodge* yn Paradwys ger Bodorgan yn Ynys Môn yn eiddo i deuluoedd o Swydd Gaer. Drannoeth roedd llythyr, a gafodd ei bostio yng Nghonwy, wedi cyrraedd swyddfeydd y BBC ym Mangor oddi wrth MG (Meibion Glyndŵr) yn dweud: 'Rydym ni'n ôl i orffen y gwaith'.

Hwn oedd y llythyr cyntaf wedi'i arwyddo gan Rhys Gethin – cyfeiriad at un o filwyr medrusaf gwrthryfel Owain Glyndŵr oedd hyn. Roedd Rhys Gethin o Hendre, Betws-y-coed, yntau'n ŵr o dras. Roedd Llywelyn ein Llyw Olaf yn ewythr i'w daid – ac yn ôl haneswyr Rhys Gethin oedd *Che Guevara* gwrthryfel Glyndŵr oherwydd ei gampweithiau milwrol a'i ddawn fel *Scarlet Pimpernel* ei gyfnod.

Mewn llai na mis, bu tân mewn pedwar tŷ haf arall yn Ynys Môn a dwy garafán yn Neganwy ger Conwy. Yn ôl llygaid dystion, roedd Castell ger Bodorgan yn belen o dân. Roedd yn eiddo i ŵr o Chapel-en-le-Frith yn Swydd Derby.

Ddiwedd Tachwedd, 1981, bu tanau mewn tri fflat gwyliau yng Nghastell Newydd Emlyn a thŷ haf yn Niwbwrch ym Môn.

Ar 4ydd Ionawr, 1982, aeth tŷ haf cyntaf y flwyddyn yn wenfflam. Galwyd y frigâd dân ar ôl i fflamau gael eu gweld yn codi drwy do Congl Cae ger Botwnnog yn Llŷn. Roedd y tŷ yn eiddo i Dr James Quin a'i wraig, Dr Flora Quin, o Lerpwl.

Drannoeth daeth llythyr oddi wrth Feibion Glyndŵr i Ystafell Newyddion HTV ym Mhontcanna, Caerdydd. Roedd neges y llythyr yn glir a diamwys: 'Bydd yr ymgyrch yn parhau'.

Ymosodiad rhif 76 oedd tŷ haf yn Mynydd Llandygái ger Tregarth yng Ngwynedd. Roedd Tyddyn Gwalchmai yn eiddo i Lindsey Fletcher o Lerpwl. Roedd cannwyll a chadachau wedi'u trochi mewn paraffin wedi'u gadael yno. 'Nid yw'r llosgwyr yn fy nychryn i,' meddai Lindsey Fletcher ar y pryd.

Ymosodiad rhif 77 oedd carafán yn Llaneilian, Ynys Môn. Y tro hwn trydanwr o Lerpwl, David Pinter oedd y perchennog.

Dychwelodd y llosgwyr i Lŷn ar gyfer eu hymosodiad nesaf ar fwthyn ger Clwb Golff Nefyn yn Morfa Nefyn. Y perchnogion oedd George a Marie Atkinson o Swydd Derby. Yn ôl Katie Owen oedd yn byw gerllaw: 'Mae Mr a Mrs Atkinson yn gwpl clên ac yn gymdogion da'.

Ond fel y dywedodd llythyr Meibion Glyndŵr a gyrhaeddodd swyddfeydd HTV yng Nghaerdydd ar 3ydd Mawrth, 1982: 'Nid yw'r un tŷ haf yn ddiogel – dim coloneiddio'.

Tua deg o'r gloch fore dydd Sadwrn, 7fed Mawrth, sylwodd ffermwr lleol bod tân wedi difrodi *chalet* gwyliau oddeutu hanner milltir o ganol tref Abergele. Cyfreithiwr o Stockport oedd y perchennog. Yr un noson bu ymosodiad ar dŷ haf arall yn Niwbwrch, Ynys Môn.

Yr unig ymosodiadau eraill ar dai haf yn 1982 oedd ym mis Gorffennaf pan losgwyd dau dŷ haf yn Ffynnongroyw yn Sir y Fflint. Roedd y naill yn eiddo i deulu o Fanceinion a'r llall yn eiddo i deulu o Warrington. Cafwyd apêl daer am wybodaeth oddi wrth y Ditectif Arolygydd Robert Otter – ond yn ofer.

Tŷ ym Moduan yn Llŷn oedd y targed nesaf. Roedd Tŷ Cerrig yn eiddo i Albanwr, Douglas Thompson, a honnodd ei fod yn byw yn y bwthyn yn barhaol. Byrnau bach o wair wedi'u trochi mewn *methylated spirits* oedd y ddyfais amrwd y tro hwn.

Clogwyn, Gallt y Foel ger Deiniolen yng Ngwynedd, yn eiddo i deulu o Wolverhampton oedd y nesaf ac ar 17eg Mawrth, 1983 darganfuwyd dyfais cynnau tân mewn tŷ haf arall yn ardal Cerrigydrudion.

Ar 8fed Ebrill, 1983, tŷ haf yng Ngronant ger Prestatyn oedd y targed. Roedd y tŷ'n eiddo i deulu o Swydd Efrog, tra mai Sheila Jones o Lerpwl oedd perchennog *Fairways* ym Mostyn fu'n darged i losgwyr ar 29ain Ebrill.

Fel roedd hi'n arferol erbyn hynny, yn dilyn nifer o ymosodiadau o'r fath, cyrhaeddodd llythyr oddi wrth Feibion Glyndŵr swyddfeydd y BBC ym Mangor. Roedd wedi'i bostio yng Nghaerfyrddin.

Bu dau ymosodiad arall ar dai haf ym mis Gorffennaf 1983, a dyna oedd ymosodiadau olaf y flwyddyn – blwyddyn a welodd, yn ôl Prif Gwnstabl Heddlu'r Gogledd, David Owen, gwerth £86,000 o ddifrod i dai haf o ganlyniad i'r ymgyrch losgi.

Bu oedi'n y llosgi wedyn tan ddiwedd mis Ionawr 1984 pan gafwyd tân yn Arlunfa Uwch y Môr, Talsarnau ger Harlech – cyn-neuadd snwcer y pentref ac yn dŷ haf ers ugain mlynedd. Y perchnogion oedd Edward ac Ethel Wraith, ill dau yn eu saithdegau, o Leeds. Ymhen yr wythnos roedd llosgwr wedi difrodi tŷ haf ym mlaen Cwm Prysor ger Trawsfynydd. Roedd Cae Gwair yn eiddo i Dr Paul Fine, Americanwr yn byw yn Llundain. Cyhuddwyd llanc lleol 17 mlwydd oed ac fe'i gorchmynnwyd i gyflawni 240 o oriau o waith cymunedol ynghyd â thalu iawndal o £1,500. Y llanc hwnnw oedd Dewi Prysor Williams.

Ddechrau mis Chwefror 1984, daeth galwad ffôn i

ganolfan y Samariaid yn y Rhyl yn rhybuddio bod dyfais cynnau tân mewn tŷ arddangos (*showhouse*) ar stad dai cwmni Whelmar yn y dref, ac erbyn diwedd y mis ymosodwyd ar ddau dŷ haf yn ne Ceredigion – y naill yn Llangrannog a losgwyd yn ulw yn eiddo i John Jones o Kirby ar lannau Merswy, a'r llall bedair milltir i ffwrdd yn Nhan-y-Groes yn eiddo i Thomas Owen Davies o Gasnewydd. Yn ôl Iori Jones, postfeistr Llangrannog: 'Mae'r tân yma wedi dychryn pawb . . . ni fydd y rhai wnaeth yn boblogaidd y ffordd hyn'.

Ymhen y mis cyhoeddodd y Ditectif Arolygydd Jim Meldrum, Pennaeth CID Aberystwyth, bod yr heddlu'n chwilio am gar mini lliw mwstard mewn cysylltiad â'r ymosodiadau yn Llangrannog a Than-y-Groes. Roedd yna 2,500 o geir tebyg yng Nghymru ar y pryd. Datgelodd Jim Meldrum hefyd bod gwobr ariannol sylweddol wedi'i chynnig am wybodaeth fuasai'n arwain at ddal y llosgwyr. Dyma'r wobr gyntaf o'i math i'w chynnig – ond nid dyma'r olaf.

Yn ystod misoedd haf 1984, cafwyd dau ymosodiad o du'r llosgwyr – y naill ar dŷ haf arall yng Ngronant ger Prestatyn a'r llall ar gaffi wrth droed Moel Fama ym mryniau Clwyd.

Bu'n rhaid aros tan fis Chwefror 1985 am yr ymosodiad nesaf pan aeth Glan-y-Don, Prenteg ger Porthmadog yn wenfflam. Bu'r tŷ yn eiddo i ddeintydd o Uxbridge, Wallace Baxter a'i wraig Rosalind ers 1960. Ymhen deuddydd, dinistriwyd Tanrallt yn Llandyfrydog ger Llangefni hefyd.

Tŷ teras a byngalo 500 llath oddi wrth ei gilydd, ym Mwcle, Sir y Fflint, oedd y ddau darged nesaf, ac yna ar 20fed Tachwedd, 1985 dinistriwyd to tŷ haf ym Mhenisarwaun ger Caernarfon. Roedd Tŷ Coch Hir Bach yn eiddo i chwech o bobl i gyd – un ohonynt yn ddarlithydd yng Ngholeg y Brifysgol ym Mangor. Nid oedd neb wedi bod yn y tŷ ers pythefnos. Hwn oedd canfed ymosodiad yr ymgyrch losgi.

Yr un noson cafwyd pedwar tân arall yng Ngheredigion ac ym Mhen Llŷn. Ychydig o ddifrod achoswyd i Cross Hill Cottage yn Bangor Teifi a oedd yn eiddo i deulu o Surrey, ac effeithiau mwg yn unig gafwyd i'r garej yn Brynawelon, Tan-y-Groes – yr ail ymosodiad ar dŷ haf yn y pentref hwnnw. Cafwyd tanau hefyd mewn tai haf yn Aberdaron ac ar lethrau Mynydd y Rhiw yn Llŷn. Roedd rhybudd Dirprwy Bennaeth CID Heddlu'r Gogledd, y Ditectif Uwch Arolygydd Gareth Jones yn un clir: 'Ein cyngor ni i berchnogion tai haf yw iddynt ymweld â'u heiddo mor aml â phosib – neu drefnu bod pobl leol yn gwneud hynny ar eu rhan'.

Ymhen pythefnos roedd y llosgwyr wedi croesi afon Teifi i Sir Benfro gan achosi gwerth £12,000 o ddifrod i Dôl Afon, hen ffermdy ger pentref Crymych, oedd yn eiddo i deulu o Gaerfaddon. Ar 19eg Rhagfyr, 1985 derbyniodd papur newydd *The Western Mail* lythyr di-enw'n hawlio cyfrifoldeb am y tân hwnnw.

Ymhen pythefnos roedd Tan-y-Fedw, Clynnog Fawr, tŷ haf yn eiddo i Peter Smith o Lannau Merswy, wedi'i losgi'n ulw, ac ymhen tridiau cyrhaeddodd llythyrau oddi wrth Meibion Glyndŵr – swyddfeydd y BBC ym Mangor a HTV yng Nghaerdydd. Roedd y ddau lythyr, wedi'u postio yng Nghaerfyrddin, yn rhybuddio: 'Mae'r gwleidyddion wedi cael digon o amser – gall eiddo mewnfudwyr fod yn dargedi o hyn ymlaen'.

Ar 12fed Ionawr, 1986 ffrwydrodd dyfais yn belen o dân mewn tŷ haf yn Llanuwchllyn. Roedd Rhyd Fudr yn eiddo i feddyg o Essex.

Parc Newydd, Waunfawr oedd y targed nesaf. Roedd y tŷ'n eiddo i Geraint Meirion-Jones, Offeiriad Eglwysig yn Guildford a honnodd mai hwn oedd ei unig gartref, ac ar ôl ymddeol aeth i fyw yn y tŷ'n barhaol.

Ymhen pythefnos arall galwyd arbenigwyr difa bomiau i Pennant, bwthyn ar gyrion Coedwig Clocaenog ger Rhuthun. Roedd y tŷ'n eiddo i Pamela Edwards yn wreiddiol o Bont-y-pŵl yn Sir Fynwy ond yn byw a gweithio yn Toronto yn Canada. Roedd wedi prynu Pennant oddi wrth y Comisiwn Coedwigaeth. Roedd y tŷ'n diferu o betrol. Cyrhaeddodd llythyrau oddi wrth Rhys Gethin a Meibion Glyndŵr swyddfeydd y BBC a HTV yn hawlio cyfrifoldeb am yr ymosodiad. Fel arfer roedd y llythrennau wedi'u stenslo a'r llythyrau wedi'u postio ym Mangor.

Ond bu'n rhaid aros hyd fis Medi'r flwyddyn honno cyn gweld yr ymosodiadau nesaf, gyda'r tri ymosodiad yn digwydd ar y 26ain o'r mis. Roedd dau o'r tanau o fewn dau gan llath i'w gilydd yn Fach-wen ger Llanberis yng Ngwynedd. Tŷ haf yn eiddo, ers deng mlynedd, i Charles a Glenys Davies, Cymry Cymraeg o Rhuthun, oedd Bryn Derwen, a Jim Needham, siopwr o Lerpwl, oedd perchennog Cae Goronwy. Roedd y tân arall 70 milltir i ffwrdd ger Pennal yn ne Meirionnydd. Cwpl o Wolverhampton oedd perchnogion Pant Carneddau yng Nghwm Maethlon.

Ymhen tair wythnos cafwyd tanau mewn dau dŷ haf arall. Y naill yn Nhy'n y Fron, Llangybi yn Eifionydd oedd yn eiddo i George Meurig Fay a'i wraig Betty – hyfforddwyr anifeiliaid gyda Syrcas Chipperfield o ran eu galwedigaeth – a'r tŷ arall oedd Ty'n y Weirglodd ger Rhos-lan, unwaith eto yn Eifionydd, oedd yn eiddo i deulu lleol o Gricieth.

O fewn tridiau daeth llythyr i Swyddfa'r BBC ym Mangor oddi wrth Meibion Glyndŵr yn hawlio cyfrifoldeb am yr ymosodiadau cyntaf ers saith mis. Roedd gan y llythyr yma eto ei rybudd arferol: 'Bydd y llosgi'n parhau. Rhaid amddiffyn Cymru. Rhaid i bob teulu gael cartref cyn y bydd unrhyw un yn cael tŷ haf.'

Yr un noson bu dau dân arall – yn Llŷn eto. Y naill mewn

chalet ar faes carafanau'r Warren ger Aber-soch, yn eiddo i deulu o Benbedw, a'r llall mewn bwthyn ar Lôn Gam yn Nefyn.

Dridiau cyn y Nadolig y flwyddyn honno, cafwyd ymosodiad olaf y flwyddyn yn Groesffordd uwchlaw Dyffryn Conwy. Yr heddlu eu hunain sylwodd ar y tân yn Llidiart y Mynydd am 1.00 o'r gloch y bore. Roedd yn eiddo i John a Rosemary Quallington o Amwythig a hwn oedd yr ail dŷ yn unig yn Nyffryn Conwy i ddioddef ymosodiad ers dechrau'r ymgyrch losgi saith mlynedd ynghynt.

Ddeufis union yn ddiweddarach y cafwyd y tanau nesaf. Ffermwr lleol welodd y fflamau'n codi o Fwthyn Ffridd am 5.00 o'r gloch y bore. Roedd y tŷ haf, rhwng Llansannan a Llanfair Talhaearn yn eiddo i John Connelly a'i deulu o Stockport ers deng mlynedd.

Yr un noson hefyd ymosodwyd ar dŷ haf arall ym Mhandy Tudur, tua phum milltir o'r tân cyntaf. Roedd Tan y Waun yn eiddo i Ken Burgess o Fanceinion. Yn ôl Dirprwy Bennaeth CID Heddlu'r Gogledd, y Ditectif Uwch Arolygydd Gareth Jones: 'Rydym yn fodlon bod y ddau dân yma'n rhan o'r ymgyrch losgi tai haf'.

Bedwar diwrnod yn ddiweddarach, gŵr lleol ar ei ffordd i'w waith sylwodd ar y fflamau'n codi o *The Old Chapel House* yn Aberhosan ger Machynlleth. O fewn tair wythnos bu ymosodiad arall yng Ngheredigion – y tro hwn ar fwthyn ger Llandysul.

Ymhen yr wythnos gwnaed gwerth £50,000 o ddifrod i fythynnod gwyliau yn Abergwynant ger Dolgellau yn ogystal â dau dŷ haf ym mhentref Hermon, ger Llandysul.

Pennod 5

MEIBION MENTRUS

Fel yr aeth yr ymgyrch losgi rhagddi, fe ddaeth awgrym bod y llosgwyr yn llawer mwy mentrus wrth iddynt ddechrau amrywio eu targedau a bod y dyfeisiadau newydd a ddefnyddiwyd yn achosi mwy o bryder i'r awdurdodau. Fel y dywedodd y Ditectif Brif Arolygydd Chris James o Heddlu Dyfed Powys: 'Nid yn unig y mae'r llosgwyr yn difrodi eiddo, y maen nhw hefyd yn gweithredu'n anghyfrifol fel y gall bywydau pobl ddiniwed gael eu colli'.

Ar 2il Chwefror, 1987, galwyd arbenigwyr difa bomiau'r fyddin o Henffordd i Bencadlys y Bwrdd Glo yng Nghaerdydd ac ar 27ain Ebrill, cyrhaeddodd llythyr oddi wrth mudiad yn dwyn yr enw Meibion yr Eiffel (sic) swyddfa HTV ym Mangor. Roedd y llythyr wedi'i bostio yng Nghlwyd ac yn bygwth eiddo Saeson yng Nghymru gan gynnwys tai, ffatrïoedd, ffermydd a da byw yn ogystal â phontydd, pibelli cludo dŵr ac eiddo'r heddlu.

Ni fu'n rhaid aros yn hir am dystiolaeth o fygythiad o'r fath. Derbyniodd perchennog Canolfan Gweithgareddau Awyr Agored Tanrallt yn Nyffryn Nantlle yng Ngwynedd ddau barsel drwy'r post. Yn un o'r parseli roedd yna bowdwr gwyn a cherdyn post Saesneg, oddi wrth Meibion Glyndŵr, yn rhybuddio Douglas Sutherland mai ef oedd y targed nesaf. Er yn wreiddiol o Gaint, roedd Douglas Sutherland yn gyn aelod o Gyngor Tref Caernarfon ac roedd ei wraig Marlenne yn siarad Cymraeg.

Toc wedi hanner nos Sul, 13eg Mehefin, 1987, derbyniodd y Samariaid neges ffôn gan ŵr yn rhybuddio bod dyfais cynnau tân wedi'i gosod wrth ddrws tŷ haf ar Stad Cae Du yn Aber-soch. Am 3.25 o'r gloch y bore llwyddodd uned filwrol o Henffordd gyda chymorth robot i ddifa'r ddyfais yn llwyddiannus ger drws Hafryn. Roedd y llosgwyr yn amlwg yn defnyddio dyfeisiadau mwy technegol erbyn hyn ac yn ôl y Ditectif Arolygydd Irfon Evans ar y pryd: 'Gallasai'r bom yma wedi lladd rhywun'.

Roedd, ac y mae, y mwyafrif llethol o dai Stad Cae Du, Aber-soch, yn dai haf. Roedd Hafryn yn eiddo i Bensaer o Ddinbych, Gwyn Parry Davies.

Ymhen llai na phythefnos daeth llythyr arall oddi wrth Feibion Glyndŵr – wedi'i deipio'r tro hwn – ond roedd y neges yr un fath ag arfer: 'Mae eiddo pob Sais yng Nghymru'n darged dilys a byddwn yn taro dro ar ôl tro hyd nes y bydd atal ar werthu Cymru i'r cynnig uchaf. Gwladychwyr Seisnig a'ch meistri gwleidyddol yng Nghaerdydd – ewch oddi yma cyn i chi gael eich llosgi oddi yma'.

Ymhen pedwar niwrnod arall galwyd arbenigwyr difa bomiau i Stad Bron Castell yn Abergele ac i Swyddfeydd y Dreth Incwm ym Mhorthmadog. Y tro yma galwad ffôn at y Samariaid ac at ohebydd y *Daily Post*, Emyr Williams, a rybuddiodd yr awdurdodau o fodolaeth y dyfeisiadau. Yn ôl Dirprwy Bennaeth CID Heddlu'r Gogledd, y Ditectif Uwch Arolygydd Gareth Jones: 'Roedd y ddwy ddyfais yma yn debyg i'r un gafwyd yn Aber-soch'.

Ym mis Tachwedd 1987 y cafwyd yr ymosodiadau nesaf pan dderbyniodd yr heddlu wybodaeth o ffynhonnell anhysbys ynglŷn â dwy ddyfais wedi'u gosod y tu allan i ddau *chalet* yn Tyddyn Moch, Brithdir ger Dolgellau. Yn ôl yr arbenigwyr difa bomiau a ddaeth yno i ddelio â'r dyfeisiadau, buasent wedi troi'n bêl o dân pe baent wedi ffrwydro. Bu datblygu'r 40 o gabanau gwyliau pren yn Nhyddyn Moch, oedd ar werth am £15,000 yr un, yn destun cryn anghydfod. Cafodd y datblygwyr, Cwmni Dew o Oldham yn Swydd Gaerhirfryn, ganiatâd y Swyddfa Gymreig i newid defnydd 20 o'r cabanau o fod yn llety gwyliau'n unig i fod yn gartrefi parhaol. Rhoddwyd caniatâd i'r datblygiad gan yr hen Gyngor Meirionnydd yn 1973, er gwaetha'r gwrthwynebiad lleol gan fod codi 40 o dai pren yn yr ardal wedi dyblu maint y pentref.

Datblygiad dadleuol arall aeth â sylw'r llosgwyr nesaf a hynny ym mhentref y Felinheli ar lannau'r Fenai. Yno roedd y *Portdinorwic Yacht Harbour Ltd* am godi 200 o dai ar gei y pentref. Unwaith eto, bu gwrthwynebiad lleol i'r datblygiad a galwad ffôn i Linell Gymorth Myfyrwyr ym Mangor hysbysodd yr awdurdodau o ddyfais wedi'i gosod mewn bag plastig ger drysau swyddfa datblygwyr tai cei'r Felinheli.

Ar dŷ haf unigol y bu'r ymosodiad nesaf. Wrth hwylio eu brecwast am 7.30 o'r gloch fore 1af Rhagfyr, 1987 y sylwodd trigolion Cae Gwyn yn Nhrawsfynydd ar fwg a fflamau'n codi o dŷ oedd yn eiddo i deulu o Swydd Hertford yn Stryd Faen gerllaw. Dim ond un tŷ yn y stryd i gyd oedd yn gartref parhaol – roedd y gweddill yn dai haf.

Pennod 6

CYMRU, LLOEGR A LLANWDDYN

Dechreuodd 1988 yn dawelach nac arfer ac roedd rhaid aros tan 2il Chwefror am yr ymosodiad cyntaf. Galwad ffôn i'r Samariaid am 1.00 o'r gloch y bore a dynnodd sylw'r awdurdodau at ddyfais cynnau tân oedd wedi'i gosod y tu allan i dŷ haf unllawr ym mhentref Aberdyfi. Galwyd ar adran ddifa bomiau'r fyddin yno i ymdrin â'r ddyfais.

Dyma'r cyfnod hefyd y targedwyd gwerthwyr tai am y tro cyntaf a hynny ym Mrongest yng Nghastell Newydd Emlyn.

Cafwyd pedwar ymosodiad arall hefyd ar yr un noson mewn swyddfeydd gwerthwyr tai yn ninas Caer. Dyma ymosodiadau cyntaf Meibion Glyndŵr dros Glawdd Offa.

Aelod o'r cyhoedd a sylwodd ar dân yn swyddfa Cwmni Prudential a leolwyd yn un o rannau mwyaf hanesyddol y ddinas – *The Rows*. Fel roedd diffoddwyr yn delio â'r fflamau yno, daeth y neges am ail dân yn swyddfa Beresford Adams ar dop y stryd. Aeth yr heddlu ati i archwilio swyddfeydd gwerthwyr tai eraill gerllaw gan ddarganfod mwy o ddyfeisiadau yn swyddfeydd Jackson-Stops & Staff yn Stryd Nicholas a swyddfa cwmni Jordan yn Stryd Werburgh. Hawliodd Meibion Glyndŵr gyfrifoldeb am y dyfeisiadau mewn galwad ffôn at y Samariaid gyda'r llais yn dweud bod yr ymosodiadau'n dial ar y gwerthwyr tai o dan sylw am werthu eiddo yng Nghymru.

O ganlyniad i'r ymosodiadau yng Nghaer rhybuddiodd Pennaeth CID y ddinas, y Ditectif Uwch Arolygydd Keith Anderton, y dylai gwerthwyr tai fod yn ofalus wrth agor eu post o hynny ymlaen, a chynigiodd *The Association of British Insurance Companies* wobr 'sylweddol' am wybodaeth fuasai'n arwain at roi diwedd ar yr ymosodiadau.

Ar 29ain Chwefror, 1988, tŷ haf ar y clogwyn uwchlaw'r traeth yn Aber-soch oedd y targed. Roedd Craig y Pwll yn eiddo i Edward Wilkins, cyn-gyfarwyddwr cwmni cynhyrchu peiriannau golchi o Swydd Amwythig. Roedd ganddo gwch yn yr harbwr gerllaw.

Ar yr un noson ag y cafodd yr ymgyrch losgi sylw ar y rhaglen deledu *Crimewatch UK*, aeth *chalet* gwyliau pren ar dân yn Talacre yn Sir y Fflint a thrannoeth bu tân mewn tŷ haf yn Ysbyty Ifan. Roedd Tŷ Cipar yn eiddo i'r Ymddiriedolaeth Genedlaethol ac yn cael ei osod i ymwelwyr.

Ddeng niwrnod yn ddiweddarach, dinistriwyd tŷ haf oedd yn eiddo i deulu o ganolbarth Lloegr yn New Inn yng Ngheredigion gan ddwy ddyfais cynnau tân.

Tŷ oedd yn eiddo i Awdurdod Dŵr Hafren Trent ar lan Llyn Llanwddyn oedd y targed nesaf. Gweithwyr yr awdurdod ddarganfu'r ddyfais yn y tŷ a oedd wedi'i osod i Weinidog Iechyd y Ceidwadwyr, Dr Gerard Vaughan, fu'n ei ddefnyddio fel tŷ haf ers ugain mlynedd.

Dychwelodd y pwyslais ar werthwyr tai yn nechrau mis Mai, 1988, gyda phedair dyfais cynnau tân yn cael eu gwthio drwy flwch llythyrau swyddfeydd gwerthwyr tai yng Nghymru a Lloegr. Achoswyd gwerth £200 o ddifrod i swyddfa gwerthwr tai yn yr Amwythig, gyda difrod llai – a achoswyd gan effeithiau'r mwg – yn swyddfa Prudential Property Services yn Llangefni a swyddfeydd Prudential Assurance a Sykes Waterhouse yn Lerpwl.

Mewn galwad ffôn at un o newyddiadurwyr y BBC, hawliodd Meibion Glyndŵr gyfrifoldeb am yr ymosodiadau. Roedd gan y llais acen ogleddol a chan siarad Saesneg rhybuddiodd: 'Bydd Cymru fel Iwerddon tra bydd Lloegr yn trin Cymru fel trefedigaeth'.

Roedd mesurau diogelwch llym mewn grym pan ymwelodd y Prif Weinidog, Margaret Thatcher, â Chynhadledd y Ceidwadwyr Cymreig yn Llandudno ym mis Mehefin, 1988. Cyn i'r gynhadledd ddechrau rhybuddiwyd gwerthwyr tai'r dref i selio eu blychau llythyrau rhag ofn i'r llosgwyr fanteisio ar yr achlysur er mwyn creu cyhoeddusrwydd. Datgelodd Heddlu'r Gogledd yn ddiweddarach i'r mesurau diogelwch ar gyfer y gynhadledd gostio £54,000.

Tŷ haf ym mhentref Nantlle yng Ngwynedd oedd y targed nesaf, tra derbyniodd adeiladydd yn Ynys Môn alwad ffôn yn ei fygwth pe bai'n parhau â'i fwriad o godi hyd at 40 o dai ar safle 10 erw yn Llangefni.

Dros y Sul cyntaf ym mis Hydref, 1988, rhoddwyd saith dyfais drwy flychau llythyrau gwerthwyr tai yn Telford, Neeston, West Kirby, Bryste, Chipping Camden a Chaerwrangon. Meibion Glyndŵr hawliodd gyfrifoldeb mewn galwad ffôn at asiantaeth newyddion.

Ar 18fed Hydref, 1988, cafwyd datblygiad arall yn yr ymgyrch losgi gyda chyfanswm o bum dyfais yn cael eu gosod mewn siopau'n eiddo i Saeson ym Miwmares ac yn y Bala, ac mewn swyddfa gwerthwyr tai yng Nghaerfyrddin. Rhybuddiwyd yr awdurdodau drwy alwad ffôn at y Samariaid ym Mangor, a bu raid i bobl yn y Bala a Biwmares adael eu cartrefi hyd nes i arbenigwyr difa bomiau ddelio gyda'r dyfeisiadau. Hawliodd Meibion Glyndŵr gyfrifoldeb am yr ymosodiadau mewn llythyrau a anfonwyd at swyddfeydd y BBC a HTV ym Mangor. Roedd y llythyrau wedi'i harwyddo gan Rhys Gethin ac wedi'u postio ym Mhorthmadog.

Yn ne Ceredigion y cafwyd yr ymosodiad nesaf. Dyfais cynnau tân digon amrwd fu'n gyfrifol am losgi tŷ haf yn Sarnau ger Llangrannog. Roedd y tŷ'n eiddo i Christopher Blundell o Bromsgrove yng nghanolbarth Lloegr.

Ar 15fed Hydref, 1988, derbyniodd y 30 o aelodau o Awdurdod Heddlu'r Gogledd rybudd i fod yn ofalus wrth agor eu post boreol. Daeth y rhybudd oddi wrth Gangen Arbennig Heddlu'r Gogledd.

Bythefnos yn ddiweddarach bu Adran Gwrth Derfysgaeth Scotland Yard yn ymchwilio ar ôl i ddyfais cynnau tân ffrwydro ac achosi difrod sylweddol i swyddfa gwerthwyr tai Strutt & Parker yn Stryd Hill yn Llundain. Derbyniodd swyddfa bapur newydd *The Daily Telegraph* alwad ffôn gan ŵr yn honni siarad ar ran Meibion Glyndŵr yn derbyn cyfrifoldeb am y ddyfais yn Llundain ac yn bygwth: 'Bydd rhagor o ymosodiadau'n dilyn os na fydd y Saeson yn gadael Cymru'.

Toc wedi hanner nos, 12fed Rhagfyr, 1988, sylwodd plismon ar ddyletswydd yn Llandeilo ar ddyfais cynnau tân yn swyddfa gwerthwyr tai John Francis yn y dref. Symudwyd tua 20 o drigolion lleol o'u cartrefi ond ni anafwyd unrhyw un. Yr un pryd yn Aberteifi galwyd ar arbenigwyr difa bomiau i ddelio gyda dyfais arall ger drws swyddfa John Francis yn y dref honno.

Dridiau'n unig wedi'r Calan, llosgwyd y tŷ haf cyntaf yn 1989 a hynny yn Nhalacre yn Sir y Fflint. Achoswyd difrod sylweddol i'r adeilad pren a oedd oddeutu 200 llath oddi wrth dŷ haf arall a gafodd ei losgi flwyddyn ynghynt.

Galwad ffôn yn Saesneg i gartref golygydd yr *Herald Cymraeg*, Siôn Tecwyn, a rybuddiodd yr awdurdodau o ddyfais wedi'i gadael mewn siop fferyllydd ym Moelfre yn Ynys Môn, ac un arall mewn cwch yn y Bermo. Ffrwydrodd yr un ym Moelfre a chafodd gweithwraig siop ugain oed, Adrienne Sharples, ddihangfa lwcus. Roedd y siop yn eiddo i ŵr busnes o Loegr, Richmond Murray-Young, a chyhoeddodd yr heddlu eu bod yn chwilio am berchennog car mini melyn a welwyd yn cael ei yrru yn ardal Moelfre noson cyn yr ymosodiad. Bu'n rhaid i arbenigwyr difa bomiau ddefnyddio robot i ddelio gyda'r ddyfais yn y Bermo.

Siop offer chwaraeon yn Stryd Fawr Llanberis, *Padarn Sports*, oedd y targed nesaf. Y Samariaid ym Mangor dderbyniodd alwad ffôn am 1.40 o'r gloch bore Gwener oddi wrth Feibion Glyndŵr yn hawlio cyfrifoldeb. Roedd y siop yn eiddo i Bonnie Hargreaves, yn wreiddiol o Gaint, a'i gŵr, James o Lundain. Gofynnwyd i bobl yn byw'n lleol adael eu cartrefi hyd nes i arbenigwyr difa bomiau o Lerpwl ddelio â'r ddyfais ac yn ôl y Ditectif Brif Uwch Arolygydd Gwyn Williams roedd y ddyfais hon yn un fwy soffistigedig na'r dyfeisiadau blaenorol ac yn cynnwys cymysgedd o napalm, petrol a sodiwm clorad. Unwaith eto apeliodd am wybodaeth: 'Gweithredwch rŵan cyn i rywun gael ei ladd'.

Ar ddydd olaf mis bach 1989, cyrhaeddodd llythyr arall adran newyddion y BBC ym Mangor. Roedd hwn unwaith eto wedi'i ysgrifennu gyda chymorth stensil ac wedi'i bostio yng Nghaernarfon. Roedd y llythyr ei hun, yn y Gymraeg a Saesneg, o dan y pennawd, Datganiad Gŵyl Ddewi, ac yn rhybuddio: 'Mae'r gwleidyddion wedi methu amddiffyn hawliau'r Cymry – mae'r ymsefydlwyr gwyn (white settlers) i gyd yn dargedau bellach'.

Ymhen yr wythnos cafwyd difrod sylweddol gan dân i lolfa tŷ ym Mlaenau Ffestiniog. Galwyd y frigâd dân i Drefan am 2.00 o'r gloch y bore ar ôl i fflamau coch gael eu gweld yn codi o'r adeilad. Roedd y tŷ'n eiddo i'r Staff Sergeant Christopher Pascoe a'i wraig, Dawn. Yr un adeg galwyd Gwasanaeth Tân Gwynedd i dân amheus arall mewn tŷ ger Tŷ Hyll ar ffordd yr A5 rhwng Betws-y-coed a Chapel Curig, a chafwyd tân sinistr arall wedyn drannoeth mewn canolfan wyliau ar Fwlch Sychnant ger Conwy. Roedd Bryn Corach yn eiddo i gwmni gyda'i bencadlys yn Llundain.

Pan gododd un o newyddiadurwyr y BBC, Eurig Wyn, y ffôn yn ei gartref yn Waunfawr ger Caernarfon roedd yna lais dwfn a thawel yn ei gyfarch yn Saesneg: 'Mae yna ddyfeisiadau yn swyddfeydd gwerthwyr tai yn Lerpwl, Llundain a Stockport. Nid oes yr un gwerthwr tai'n ddiogel. Mae'n rhaid i ni wrthsefyll gormes y Saeson'.

Rhybuddiodd Eurig Wyn yr awdurdodau a chafwyd hyd i ddyfeisiadau cynnau tân yn swyddfa cwmni Cornerstone yn Ffordd Allerton, Lerpwl, ac yn swyddfa Jackson-Stops & Staff yn Wapping, Llundain. Ni wyddys beth fu hanes unrhyw ddyfais o'r fath yn Stockport.

Yn ddiweddarach derbyniodd un arall o newyddiadurwyr y BBC alwad ffôn i ddweud bod dwy ddyfais arall yn swyddfeydd CGA Property Services a chwmni Slater Donn, ill dau'n werthwyr tai yn Sutton Coldfield. Yr un noson ffrwydrodd arbenigwyr difa bomiau ddyfais yn swyddfa Lees & Thomas, gwerthwyr tai yn Hwlffordd.

Swyddfa pensaer ym Mhorthaethwy oedd y targed nesaf ond ni fu'r difrod yn sylweddol. Roedd y pensaer, Keith Brettel, a oedd wedi byw yng Nghymru ers 50 mlynedd, wedi tynnu sylw ato'i hun ychydig ynghynt drwy gwyno'n gyhoeddus ar ôl derbyn gohebiaeth uniaith Gymraeg oddi wrth Gyngor Dosbarth Dwyfor. Y newyddiadurwr, Emyr Jones o Fangor, a dderbyniodd y neges ffôn y tro hwn ac unwaith eto Saesneg oedd iaith y llais: 'Dylai'r Saeson gau eu cegau neu adael'.

Eiddo pensaer oedd y targed nesaf hefyd. Roedd Bugail yn un o fythynnod hynaf ardal Mynytho yn Llŷn. Roedd y tŷ'n eiddo i Johnstone Godfrey o Northwich yn Swydd Gaer ond yn gweithio fel pensaer ym Mae Colwyn.

Ar 22ain Fehefin, 1989, cafwyd dwy ddyfais mewn swyddfeydd yng Nghaer ynghyd ag un arall mewn iard gychod ym Mangor, ac un arall wedyn mewn swyddfa gwerthwyr tai yn Abertawe. Galwad ffôn at y Samariaid ym Mangor a rybuddiodd yr awdurdodau o fodolaeth y dyfeisiadau a hawliodd Meibion Glyndŵr gyfrifoldeb.

Yng Nghaer ffrwydrodd un o'r dyfeisiadau gan achosi gwerth £5,000 o ddifrod i swyddfa Jones, Chapman & Harland, gwerthwyr tai yn ardal Eastgate o'r ddinas. Glanhawraig swyddfa graff yn swyddfa Grŵp Heulfryn yn

Stryd Frodsham yng Nghaer sylwodd ar wifrau a chlociau mewn pecyn 12" x 9" oedd ar lawr wrth y drws. Yn y pecyn roedd yna hefyd ddwy botel yn llawn hylif clir oedd yn arogli'n gryf o betrol.

Ym Mangor bu'n rhaid i ugain o bobl adael eu cartrefi tra oedd arbenigwyr difa bomiau'n delio â dyfais oedd wedi'i gadael ar gwch gwerth £30,000 yn Iard Gychod Dickie's yn y ddinas. Roedd y ddyfais wedi'i gosod gerllaw tanc petrol 80 galwyn y cwch.

Am 2.20 o'r gloch bore Sul, 23ain Gorffennaf, 1989, y derbyniodd y Samariaid yn y Rhyl alwad yn hawlio cyfrifoldeb am ddinistrio car Mercedes gwerth £20,000 drwy ei roi ar dân. Roedd y car wedi'i barcio ger y cei yn Aber-soch.

Dridiau'n ddiweddarach, galwyd ar arbenigwyr difa bomiau i ddelio â dyfais oedd wedi'i gosod ar beiriant Jac Codi Baw ar safle adeiladu yn Llanfair Pwllgwyngyll yn Ynys Môn. Bwriad y cwmni adeiladu tai o Sir y Fflint, David McLean, oedd codi 17 o dai pedair llofft moethus ar stad Collen Wen.

Tro swyddfa gwerthwyr tai Cooke, Wood & Caird ym Mangor oedd hi nesaf. Roedd y cwmni wedi gwerthu eiddo'r Comisiwn Coedwigaeth yn ardal Penmachno a Dolwyddelan a hynny'n groes i ddymuniad y trigolion lleol.

Ar ddechrau mis Hydref 1989, daeth mudiad newydd, ond byrhoedlog, i'r amlwg. Derbyniodd dau bapur newydd alwadau ffôn oddi wrth fudiad yn dwyn yr enw *The New Army of Wales* gan hawlio cyfrifoldeb am roi dau adeilad ar dân ar safle adeiladu Bryn Twr yn Abergele. Poteli llefrith yn llawn o betrol a ddefnyddiwyd y tro hwnnw i gynnau'r tanau.

Ymhen ychydig ddyddiau roedd ymosodiadau tebycach i rai diweddar Meibion Glyndŵr wedi digwydd eto. Llwyddwyd i atal pedair dyfais rhag ffrwydro yng nghanol dinasoedd Lerpwl a Llundain yn dilyn galwad ffôn anhysbys at ohebydd y BBC yn ardal Caerfyrddin, Alun Lenny: 'Roedd y gŵr ar y ffôn yn siarad Saesneg ac yn swnio'n nerfus. Fe siarades i gyda'r llais yn Gymraeg ond ni wnaeth ymateb. Doedd ganddo ddim acen y gallwn ei gosod yn unrhyw ardal yng Nghymru'.

Roedd y ddwy ddyfais gyntaf yn dilyn patrwm blaenorol yn Swyddfa'r Gymdeithas Adeiladu Cheltenham a Gloucester yn Lerpwl, ac yn swyddfa'r gwerthwyr tai Strutt & Parker yn Sloane Street. Ond roedd y ddwy ddyfais yn cynrychioli tro newydd ac arwyddocaol yn yr ymgyrch losgi gan eu bod wedi'u hanelu at eiddo'r Blaid Geidwadol. Roedd y gyntaf o'r ddwy, toc wedi hanner nos, yng Nghanolfan Astudiaethau Polisi'r Blaid yn Stryd Wilfred ond roedd yr ail ddyfais mewn cartref preifat yn Kensington. Roedd yr ymosodwyr wedi camgymryd yr adeilad am swyddfeydd y Blaid Geidwadol gerllaw.

Drannoeth bu ymosodiad ar swyddfa'r Blaid Geidwadol yn Nolgellau, ac mewn llai nac wythnos bu pedwar ymosodiad ar garafanau yn ardal y Rhyl. Llosgwyd pedair carafán ym Mharc Carafanau Sunnyvale ym Mae Cinmel yn ulw wrth i boteli nwy ffrwydro gan rym y gwres. Difrodwyd y garafán arall ym Maes Carafanau Cefndy.

Ar nos Fercher, 29ain Tachwedd, 1989, galwyd arbenigwyr difa bomiau o Lerpwl i ddelio â thair dyfais i gyd. Roedd y gyntaf wedi'i gadael mewn bag ysgwydd o dan gerbyd y tu allan i Ganolfan Awyr Agored Cyngor Chwaraeon Lloegr ym Mhlas y Brenin, Capel Curig. Cydiodd Ray Greenall o Ganolfan Awyr Agored Bwthyn Ogwen yn y bag cyn sylweddoli bod dyfais ynddo.

Roedd y ddwy ddyfais arall mewn cychod hwylio yng Nghonwy ac yng Nghaernarfon. Roedd y catamarán yng Nghaernarfon yn eiddo i Brian Payne o Benrhyn Cilgwri. Hawliodd Meibion Glyndŵr gyfrifoldeb am y tri ymosodiad mewn galwadau ffôn at y Samariaid yn y Rhyl ac ym Mangor.

Ymhen wythnos cafwyd digwyddiad dramatig a ddinistriodd siop gigydd yn Ffordd Conwy, Cyffordd Llandudno. Ysgytwyd yr ardal gan rym y ffrwydrad a gwelwyd llanc yn neidio allan drwy ffenestr y fflat uwchlaw'r siop cyn dianc. Roedd Helen Jones, 25, o Cae Derw, Cyffordd Llandudno yn dyst: 'Neidiodd y llanc, oedd yn eu ugeiniau, i lawr ar ganopi'r siop cyn cwympo i'r pafin islaw ac yna diflannu. Roedd o'n waed drosto'.

Caewyd yr ardal gan yr heddlu gan atal pob cerbyd ond ni chafwyd hyd i'r llanc. Roedd perchennog y siop, Trevor Pearce, mewn ysbyty yn Huddersfield, Swydd Efrog, ar y pryd.

Yr un diwrnod â'r digwyddiad rhyfeddol yng Nghyffordd Llandudno sylwodd staff y ganolfan ddidoli llythyrau yn Ffordd Euston ym Mangor ar lythyrau wedi'u postio, gyda'r cyfeiriad wedi'i wneud â stensil, at swyddfeydd y BBC a HTV ym Mangor. Nid oedd Meibion Glyndŵr am adael i unrhyw un anghofio bod yr ymgyrch losgi bellach yn tynnu at ei deg oed: 'Bydd y frwydr yn parhau yn erbyn y coloneiddwyr. Ar ôl degawd rydym ni yma o hyd'. Arwyddwyd y llythyr, fel arfer, gan Rhys Gethin.

Parhaodd yr ymosodiadau yn nechrau 1990. Ar 14eg Ionawr, ymosodwyd am yr eildro ar eiddo'r *Portdinorwic Yacht Harbour Limited* yn y Felinheli, ac yna ar 3ydd Chwefror, bu tân mewn tŷ haf ar fin y ffordd rhwng Talysarn a Nantlle yng Ngwynedd. Bu Tŷ Mawr yn eiddo ers 18 mlynedd i Stuart Tyne, cyfrifydd o Guildford, a'i wraig Mary. Hwn oedd dauganfed ymosodiad yr ymgyrch losgi.

Ymhen rhyw wythnos bu ymosodiad ar siop yn Rhostryfan. Roedd y siop yn eiddo i John Brierley, o Warrington yn wreiddiol. Roedd wedi creu cryn gynnwrf yn lleol pan gyflwynodd gais am drwydded i werthu diod feddwol yno. Tra oedd adran fforensig Heddlu'r Gogledd yn chwilio am dystiolaeth yn Rhostryfan roedd yr heddlu yng Nghaer yn gwneud yr un peth yn dilyn ymosodiad ar swyddfa Barret Homes yn y ddinas.

Yr unig ymosodiad arall ym mis Chwefror 1990 oedd ar ddwy garafán yn Llanddoged ger Llanrwst a bu'n rhaid aros tan fis Mehefin am yr ymosodiadau nesaf.

Ar dŷ haf yn Hermon, tua phum milltir o Ddolgellau, yr oedd yr ymosodiad cyntaf y mis hwnnw. Bu Buarthre yn eiddo i gwpl o Essex ers wyth mlynedd. Cyn hynny bu'r tŷ'n eiddo i deulu lleol a'i prynodd gan y Comisiwn Coedwigaeth dros ugain mlynedd ynghynt. Galwyd y Gwasanaethau Brys gan Wyn Thomas, Buarthre Newydd, y cymydog agosaf.

Erbyn diwedd y mis cafwyd saith ymosodiad arall.

Roedd y ddau gyntaf ar ffurf dyfeisiadau cynnau tân drwy'r post at fwyty yn Nolgellau ac at ganolfan gychod yn Aber-soch. Roedd yr ymosodiad yn ddirgelwch i Jonathan a May Saddington o fwyty Ello Ello, ac i Janice Harrison oedd yn cadw Land and Sea Services yn Aber-soch gyda'i gŵr, Ian. Llosgwyd pen bys Janice Harrison, oedd yn wreiddiol o Fanceinion, wrth iddi agor y pecyn. Dyma'r anaf cyntaf i'w ddioddef yn sgil yr ymgyrch losgi.

Tri aelod seneddol Ceidwadol oedd y targedau nesaf. Llwyddodd staff diogelwch San Steffan i atal y pecyn cyntaf rhag cyrraedd pen ei daith. Roedd wedi'i gyfeirio at yr Ysgrifennydd Gwladol, David Hunt. Aelod Seneddol Sir Benfro, Nicholas Bennett, oedd yr ail darged, ac Aelod Seneddol Orpington, Ivor Stanbrook, y trydydd.

Cafodd gwraig arall anaf bach hefyd wrth iddi agor pecyn gyrhaeddodd ei chartref mewn plasty yn Llanina ger Ceinewydd.

Yn ôl y Ditectif Uwch Arolygydd Jim Jones, oedd erbyn hynny'n arwain uned arbennig o blismyn Heddlu'r Gogledd i ymchwilio i'r ymgyrch losgi: 'Roedd y dyfeisiadau yma wedi'u cynllunio i ladd'. Ond parhau wnaeth y llosgi.

Ym Morfa Nefyn, cymydog welodd fflamau a mwg yn codi o dŷ haf ar Stad Terfyn yn y pentref ychydig cyn 7.00 o'r gloch, nos Sadwrn, 30ain Mehefin, 1990. Roedd Chimere yn eiddo i werthwr tai o Swydd Gaer ond doedd y ddyfais a ddefnyddiwyd i gynnau'r tân ddim mor soffistigedig â'r rhai roedd Meibion Glyndŵr yn eu defnyddio erbyn hynny.

Doedd dim amheuaeth ynglŷn â'r ddyfais a gyrhaeddodd Westy'r Hand yn Llanarmon Dyffryn Ceiriog – roedd hi'n debyg i'r rhai a ddefnyddiwyd yn Nolgellau ac Aber-soch. Bu perchennog y gwesty, Timothy Alexander, mewn dadl gyda phobl leol, ond roedd o wedi gwerthu'r busnes. Galwyd ar arbenigwyr bomiau i ddelio â'r ddyfais.

Ar ddiwedd fis Gorffennaf 1990, dychwelodd y bomwyr i Land and Sea Services yn Aber-soch pan osodwyd dyfais ar gwch moethus, gwerth £80,000, yno. Defnyddiwyd y cwch o'r enw H20, ac yn eiddo i ŵr busnes o Fanceinion, ychydig ynghynt i gludo pwysigion y Gemau Olympaidd oedd yn pwyso a mesur safon y cyfleusterau'n lleol fel canolfan hwylio ar gyfer cais aflwyddiannus Manceinion i gynnal y Gemau yn 1996.

Bu'r ail ymosodiad yn ddigon i berchnogion Land and Sea Services, Ian a Janice Harrison. Penderfynodd y ddau roi'r ffidil yn y to gan wadu mai cyflwr ariannol y busnes oedd y cymhelliad mwyaf dros adael yr ardal. Dywedwyd bod trosiant blynyddol y busnes ar y pryd yn £4m.

Bu'n rhaid aros tan fis Tachwedd 1990 tan yr ymosodiadau nesaf gyda dyfais yn ffrwydro ar long hwylio gwerth £12,000 wedi'i hangori am y gaeaf ar Gei Greaves yn harbwr Porthmadog. Y perchennog oedd Derek John Blakemore, peiriannydd trydanol o Middlesex a ddywedodd: 'Rwy'n deall y teimladau cryfion sydd yna ynglŷn â thai haf, ond y gwir amdani yw nad oes gennyf dŷ haf. Rwy'n hwyliwr cyffredin ac rwy'n bryderus fod fy nghwch hwylio i'n darged gan na wnes i ddrwg i neb.'

O fewn ychydig oriau roedd dyfais wedi'i chanfod mewn *chalet* mewn maes carafanau ym Mhorth Dafarch Bach ger Caergybi, ac o fewn deuddydd ar ôl hynny llosgwyd dwy garafán yn ulw ar fferm Penllyn ger Tywyn. Roedd y ddwy'n eiddo i deuluoedd o ganolbarth Lloegr.

Daeth 1990 i ben gyda llythyrau oddi wrth Feibion Glyndŵr at swyddfeydd y BBC a HTV ym Mangor yn hawlio cyfrifoldeb am yr ymosodiadau ym Mhorthmadog, Porth Dafarch a Thywyn. Roedd y naill lythyr wedi'i bostio yng Nghaernarfon a'r llall ym Mangor.

Dau ymosodiad sydd wedi'u cofnodi ar gyfer gwanwyn 1991 a hynny ym mhentref Nantlle ac ar lan Llyn Celyn ym Meirionnydd. Roedd Cae Gwernog yn eiddo i ffermwr lleol, Arthur Roberts, a oedd yn gosod y tŷ i ymwelwyr, tra oedd y tŷ yn Nantlle yn eiddo i Sylvia Cartwright, swyddog profiannaeth o Swydd Gaerwrangon, ers deng mlynedd ar hugain. Yn ôl un tyst: 'Bu ffrwydrad mawr ac roedd yna dri thân yn y tŷ i gyd – wrth ddrws y ffrynt, wrth ddrws y cefn, ac yn y lolfa'.

Yn ystod wythnos Eisteddfod Genedlaethol Bro Delyn y flwyddyn honno yn yr Wyddgrug y cafwyd yr ymosodiad nesaf. Bu'n rhaid i'r heddlu gau ffyrdd a gofyn i bobl adael eu cartrefi yng nghanol dinas Bangor tra oedd arbenigwyr difa bomiau o Lerpwl yn delio â dyfeisiadau cynnau tân a adawyd yng Nghlwb y Ceidwadwyr ac yn Swyddfa Recriwtio'r Fyddin yn y ddinas.

Bu dau ymosodiad arall fis yn ddiweddarach. Y naill ar westy a bwyty ar lan Llyn Celyn ym Meirionnydd a'r llall yn Adran Ddatblygu Economaidd a Thwristiaeth Cyngor Bwrdeistref Ynys Môn. Derbyniodd y Samariaid ym Mangor ddwy alwad ffôn yn rhybuddio'r awdurdodau ond fe ffrwydrodd y ddyfais ym Maes y Dail. Bu'r eiddo'n wag ers iddo gael ei feddiannu gan Fanc yr Alban. Ni ffrwydrodd y ddyfais yn swyddfeydd y cyngor yn Llangefni, ac roedd yr heddlu o'r farn bod yr ymosodiad hwnnw yn gysylltiedig â chyhoeddiad Cyngor Môn mai'r Frenhines oedd i agor Oriel Môn yn y dref y mis canlynol. Roedd sylw'r Ditectif Arolygydd Maldwyn Roberts, pennaeth dros dro'r uned arbennig o dditectifs Heddlu'r Gogledd a sefydlwyd i ymchwilio i'r ymgyrch losgi, yn broffwydol yn ei ddarogan: 'Mae'r ymchwiliad yma angen ychydig o lwc'.

Ar 18fed Tachwedd, 1991, llosgwyd tŷ haf olaf yr ymgyrch losgi. Mae Bryn Golau ar fin ffordd yr A470 yn Gellilydan ac roedd yn eiddo i Mike ac Audrey Jones o Cookham yn Berkshire. Yna am 6.00 o'r gloch fore trannoeth ffrwydrodd dyfais cynnau tân yn swyddfa ddidoli llythyrau Betws-y-coed. Dywedir i'r fflam neidio droedfeddi i'r awyr.

Ar 5ed Rhagfyr, darganfuwyd pedwar pecyn yn cynnwys dyfais cynnau tân yn yr ystafell ddidoli llythyrau yn Swyddfa'r Post, Ffordd Euston ym Mangor. Erbyn hynny, roedd dau ŵr o Ynys Môn, Siôn Aubrey Roberts a David Gareth Davies, yn y ddalfa ac yn cael eu hamau o'u hanfon.

Cyfanswm yr ymosodiadau a gofnodwyd – 228.

Gweddillion tai haf ar ôl ymosodiadau Meibion Glyndŵr.
(lluniau: Arwyn Roberts)

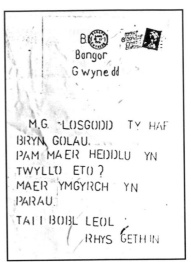

Un o'r crysau-T oedd yn cefnogi'r
ymgyrch losgi.

Un o lythyrau Rhys Gethin
yn hawlio cyfrifoldeb.

Wil Murphy, y plastrwr o Ben-y-groes gyda'r ddyfais heddlu cudd
a osodwyd o dan ei fan.
(lluniau: Arwyn Roberts)

Bryn Fôn yn cael ei hebrwng o'r celloedd i'r llys yn Nolgellau.

Elfyn Llwyd, cyfreithiwr Bryn Fôn a rhan o'r dyrfa y tu allan
i gelloedd yr heddlu yn Nolgellau.
(lluniau: Arwyn Roberts)

Aelodau o Barti Lliw Meibion Glyndŵr wrth fedd George Taylor yn
Abergele; mae Dewi Prysor ar y chwith, David Gareth Davies
(Stwmp) ar y dde a Siôn Aubrey yng nghanol y llun. *(llun: Sion Jones)*

RHESTR DDU M.G.

MAER SAESON YMA YN COLONISTS HILIOL A GWRTHGYMRAEG.
FELLY MAE M.G. YN RHOI AT 1/3/1993 iddyôn nhw adaelCYMRU.
OS NAD YDY RHAIN ALLAN O CYMRU AR OL HYNNY BYDDWN YN EU LLOSGI.

██████████████████

██████████████████

██████████████████

RHAID TORRI CANCR Y SAIS ALLAN.

RHYS GETHIN

Neges arall oddi wrth Rhys Gethin.
(llun: Arwyn Roberts)

Cartŵn Elwyn Ioan, *Lol* 20, Haf 1982

Y wên ar wynebau'r bobl leol yn adrodd cyfrolau …
(*Welsh is Fun*, Heini Gruffydd/Elwyn Ioan, Lolfa)

Un o gardiau'r Lolfa; cynllun: Tegwyn Jones.

Cartŵn Elwyn Ioan, *Lol* Rhif 18, Haf 1980

Y gŵr bonheddig wedi colli batris mewn bag plastig tua Nasareth bythefnos yn ôl. Eisiau gwybod a ddaeth rhywun o hyd iddo, tybed ...

Cartŵn Tegwyn Jones yn *Barn* ar ôl i'r heddlu wneud ffyliaid ohonynt eu hunain

Parc y West, Llanrhian – un o'r pedwar tŷ haf a losgwyd ar y noson
gyntaf o weithredu gan Feibion Glyndŵr ar 12fed Rhagfyr, 1979.
(llun: Western Mail)

YMATEB RHAI O'R BEIRDD AR Y TALWRN:

TŶ HAF
(Parodi ar englyn 'Gweld deryn gwyllt')

Gweled fflwch goleuad fflam, – gweld marwor,
   Gweld muriau yn wenfflam,
   Gweld tân blin mewn tŷ dinam
   A gweld unioni hen gam.

(Guto Eirian, Coleg Aberystwyth)

UWCH DRWS TŶ HAF
Hen aelwyd heb un teulu – a dystia
   I'r distaw wladychu;
   Cyfalaf yn gaeafu, –
   O deuwch, taniwch y tŷ!

(Twm Prys Jones, Llanuwchllyn)

UWCH DRWS TŶ HAF (wedi ei losgi)
Dialedd Heledd yw hyn; – hen ofid
   Yr amddifad grwydryn
   Yn tywys y pentewyn
   Liw nos i Gynddylan Wyn.

(Ieuan Wyn, Dyffryn Ogwen)

Cartŵn ar glawr *Planet*, rhif 70, Awst/Medi 1988

'Os ti'n Sais gwrth-Gymraeg neu'n berchennog tŷ ha'
Mi ffeindi di fod y Lord yn ddiawch o foi da ...

Mae o'n lladd ar y Meibion ond o blaid ANC,
Mae gwrthryfela'n iawn, ond ddim yn gwlad ni ...

If you're scared that the Welshies
gonna burn your house down
You'll be OK as long the Lord is around ...

Dyfyniadau o'r gân 'Dafydd Elis Thomas'
gan Geraint Løvgreen a'r Enw Da

Cartŵn *Lol*, Rhif 26,
Haf 1988

Cyn bod sôn erioed am Saeson
'Roedd y Cymry'n ddigon bodlon;
Camgymeriad hogiau'r fatsian
Yw llosgi'u tai, a hwythau allan.
Twm Morys (Beirdd y Byd)

Family fail in bid for cottage

A LOCAL family who made a bid for one of the controversial Forestry Commission cottages in Penmachno, after trying to buy it for seven years, heard this week that their offer had been rejected.

Mrs Susan Richards with her sons Christopher, 6, and John, 8, outside the cottage they tried but failed to buy

Tai y tu hwnt i gyrraedd teuluoedd lleol –
stori o Benmachno, Ebrill 1989

TAI HAF -
Problem wleidyddol sydd angen ateb gwleidyddol

Yn ystod y mis diwethaf bu'r heddlu'n hysbysebu ar y teledu ac yn y papurau newydd — a chyda cefnogaeth llu o wleidyddion — i geisio cael gwybodaeth fyddai'n eu cynorthwyo i ddal Meibion Glyndŵr, y llosgwyr tai haf. Yn ystod y mis diwethaf hefyd bu tân yn Nhŷ Cipar, tŷ haf sydd yn eiddo i'r Ymddiriedolaeth Genedlaethol yn Ysbyty Ifan — un arall o'r ugeiniau o dai haf yr ymosodwyd arnynt dros yr wyth mlynedd diwethaf.

Bu'r digwyddiadau hyn yn fodd i ddod â'r pwnc yn destun trafod unwaith eto yn yr ardal, a gellir adrodd heb flewyn ar dafod bod mwyafrif pobl y fro â chydymdeimlad â'r llosgwyr, ac roedd llawer yn mynegi gobaith na chaent byth eu dal. Y gwir amdani yw bod pobl yr ardaloedd gwledig yn gweld nad oes fawr neb arall yn ceisio gwneud dim ynglŷn â'r broblem hon, ac na fyddai carcharu'r llosgwyr yn gwneud dim i fynd â'r cancr o'n cymdeithas.

Mae tai haf a mewnlifiad yn broblem mewn ardaloedd gwledig drwy Ewrop, ond mewn mannau eraill mae deddfwriaeth arbennig yn amddiffyn y gymdeithas leol. Yn Lloegr, mae Dorset a Dyfnaint wedi pasio deddfau fydd yn cyfyngu ar y nifer o dai haf yn eu bröydd gwledig. Yma yng Nghymru, mae deddfau cadwraeth caeth ynglŷn â harddwch a natur, ond nid oes gennym ddim i atal y llygru a'r erydu ar y gymdeithas Gymraeg. Yn ddiweddar, mae Cyngor Sir Gwynedd wedi galw am ddedfau cynllunio newydd i geisio amddiffyn Cymreictod y sir — ond chydig o bwysau gwleidyddol sydd y tu cefn i'r Cyngor hyd yn hyn. Mae Wyn Roberts A.S. yn dal i ddeud ar goedd nad oes yna broblem tai haf — er bod ei etholaeth ef yn y sir y mae ynddi'r cyfarfaledd uchaf o dai haf yng ngwledydd Prydain!

Tra bo gwleidyddion — o bob plaid — mor brysur yn gwadu a chondemnio, does 'na neb yn rhoi sylw i wraidd y drwg. Yr unig weithredu sy'n dwyn unrhyw fath o ffrwyth ar hyn o bryd yw'r llosgi — o leiaf nid yw'n bosib i berchnogion tai haf yswirio'u heiddo

● Gwariodd yr Ymddiriedolaeth yn drwm ar y tŷ — cegin coed newydd, ddrud; cyflenwad dŵr gwell; gwres canolog nwy; cynhyrchydd trydan arbennig ac ati, ac ati.

● Soniodd swyddog o'r Ymddiriedolaeth bod elw'r tŷ haf yn mynd at wella tai tenantiaid eraill yr ardal. Mae'n amhosib bod un geiniog o elw wedi'i wneud ar y tŷ hyd yn hyn — a phrun bynnag, mae tenantiaid eraill yn gorfod TALU EU HUNAIN pan fônt eisiau gwelliannau megis cegin newydd. Mae rhywbeth yn chwerw iawn pan mae gwres canolog mewn tŷ nad oes neb ynddo yn y gaeaf, tra bod llawer o le i wella tai y mae pobl yn byw ynddynt gydol y flwyddyn.

Un o Ysbyty Ifan oedd y Rhys Gethin gwreiddiol ac roedd yntau yn ei oes yn ymladd yn erbyn anghyfiawnder cymdeithasol. Trech gwlad nac arglwydd o hyd, ac os na fydd y gyfraith yn newid i roi tai am brisiau teg i bobl leol, yna bydd y cydymdeimlad â'r llosgi yn parhau.

Mae 'na gyfrifoldeb ar bapurau newydd ac ar y cyfryngau i roi dwy ochr y darlun yn ogystal — cawn glywed os bydd llosgi wedi bod, ond prin byth y ceir sôn am y wir broblem, hyd yn oed ar y cyfryngau Cymraeg. Mae'r Cymry gwledig yn gweld y gweithredwyr fel rhai sy'n deall eu problemau yn well na'r rhai sydd i fod yn gyfrifol am gyfraith a threfn a thegwch. Tra bo hynny, nid oes lawer o obaith gan yr heddlu i ddatrys

Yn dilyn llosgi Tŷ Cipar, tŷ haf yr Ymddiriedolaeth Genedlaethol yn Ysbyty Ifan, mis Mawrth 1988 – tynnodd y papur bro sylw at y broblem ddilys oedd y tu ôl i'r ymgyrch.

Rhoddodd y Comisiwn Coedwigaeth saith o dai yn ardal Penmachno a Dolwyddelan ar werth drwy dendr i'r pris uchaf ym mis Mawrth, 1989. Bu storm o brotest a chefnogaeth agored i Feibion Glyndŵr mewn rhai datganiadau.

60

Ditectifs yn cyrraedd i archwilio tŷ haf a losgwyd yn Ninorwig
ar ddechrau'r ymgyrch. *(llun: Gerallt Llywelyn)*

Graffiti yn Aberystwyth yn ystod yr ymgyrch.

Y barnwr, Mr Ustus Pill, yn cyrraedd Llys y Goron ar gyfer
achos Tri Gwynedd yng Nghaernarfon.

Barn un o'r dyrfa
y tu allan i'r llys.

Winston Roddick QC oedd yn
cynrychioli Dewi Prysor.
(lluniau: Arwyn Roberts)

Llun arlunydd o'r tri yn y doc yn ystod yr achos.

Rhyddhad Dewi ar ôl i'r rheithgor gyhoeddi ei fod yn ddi-euog.
(lluniau: Arwyn Roberts)

David Gareth Davies (Stwmp) yn ôl gyda'i deulu
ar ddiwedd yr achos.

Siôn Aubrey ar ei ffordd i garchar o Lys y Goron, Caernarfon.
(lluniau: Arwyn Roberts)

Pennod 7

O BLAID AC YN ERBYN

Yn ôl y gwerthwr tai o Bwllheli, Huw Tudor: 'Nid wyf wedi cyfarfod unrhyw un sy'n cydymdeimlo â'r ymosodiadau, a chyfeirir at y llosgi gyda dirmyg llwyr'.

Ar lefel wleidyddol hefyd beirniadwyd y llosgwyr yn chwyrn gan arweinwyr pob plaid ac ym mis Awst 1980 rhybuddiodd y Gweinidog Gwladol yn y Swyddfa Gymreig, Wyn Roberts, y gallasai trais ladd yr iaith Gymraeg.

Pan feddiannodd aelodau Cymdeithas yr Iaith Gymraeg dŷ Aelod Seneddol Ceidwadol Wavertree, Anthony Steen, yn Ebrill 1983 doedd perchennog Ceunant Uchaf yn Llidiardau ger y Bala ddim yn swil o ddatgan ei farn: 'Hyd yn oed pe bai gan Saeson ail gartrefi does gen i ddim yn erbyn hynny. Maent yn gwarchod tai rhag troi'n adfeilion. A dweud y gwir mae'r Saeson wedi achub ambell i furddun. Maent yn talu'r dreth ac yn prynu nwyddau'n lleol.'

Roedd yr aelod dros Arthog ar Gyngor Dosbarth Mcirionnydd, y Cynghorydd Bradwyn Jones, yn cytuno pan ddywedodd ar lawr siambr y cyngor bod yna fanteision economaidd a chymdeithasol i dai haf, ac yng Nghynhadledd Flynyddol Cymdeithas yr Iaith Gymraeg yn Aberystwyth, beirniadwyd y llosgwyr gan Mike Peters o'r Rhyl, prif leisydd grŵp pop *The Alarm* pan ddywedodd: 'Ni fydd dyfodol yr iaith Gymraeg yn cael ei sicrhau drwy losgi tai haf'.

Rhybuddiodd Prif Swyddog Tân Gwynedd, John Morgan, y gallasai diffoddwyr tân gael eu lladd wrth ymateb i waith y llosgwyr, ac ar 2il Chwefror, 1982, dywedodd Cadeirydd y Bwrdd Croeso, yr Arglwydd Parry, fod yr ymgyrch losgi'n gwneud drwg mawr i'r diwydiant ymwelwyr.

Yn ôl un o gynghorwyr sir Gwynedd, Tom Hannon o Landudno, roedd y llosgwyr yn ymddwyn fel seicopathiaid ac ym mis Ebrill 1987 darlledwyd rhaglen ar rwydwaith y National Broadcasting Corporation (NBC) yn yr Unol Daleithiau'n portreadu Meibion Glyndŵr yn eithafwyr penboeth – terfysgwyr yn ymdebygu i fudiad y Klu Klux Klan Americanaidd gan grwydro'r nos yn llosgi eiddo pobl dduon. Ni wyddys beth fu effaith y rhaglen ond fe wyddys i 20 miliwn o bobl ei gwylio.

Yn ôl yr Ysgrifennydd Gwladol, Peter Walker, roedd Cymru'n dioddef yn sgil yr ymosodiadau: 'Roedd y difrod a wnaed i swyddfeydd y gwerthwyr tai yn fychan ond roedd y cyhoeddusrwydd negyddol yn enfawr'.

Wythnos yn ddiweddarach, fodd bynnag, datgelwyd bod Peter Walker wedi dychwelyd £6m o arian a glustnodwyd ar gyfer ei wario yng Nghymru yn ôl i'r Trysorlys. Y diwrnod hwnnw hefyd cyhoeddwyd mai Cymru oedd ail ranbarth tlotaf y Deyrnas Gyfunol.

Roedd llythyr dienw a ymddangosodd yng ngholofnau'r *Daily Post* ar 27ain Mawrth, 1980 yn fwy sinistr ei feirniadaeth o'r llosgwyr: 'Mae gennym ni Gymry ymroddgar a synhwyrol gywilydd o'n cyd-Gymry sy'n llosgi tai. Rydym yn rhybuddio os na fydd y llosgi'n dod i ben yna fe fyddwn ni'n llosgi cartrefi cenedlaetholwyr amlwg. Maen nhw'n warth ar y genedl.'

Yn wir, carcharwyd Christopher Pryke-Davies, adeiladydd 26 oed o Borthaethwy, am flwyddyn gan Lys y Goron, Caernarfon, am daflu bom petrol at gartref aelod gweithgar o Gymdeithas yr Iaith Gymraeg yn yr ardal, Siôn Aled Owen. Roedd aelodau'r Gymdeithas wedi peintio sloganau gwrth dai haf ar eiddo Davies yn y dref.

Derbyniodd aelodau blaenllaw eraill o Gymdeithas yr Iaith Gymraeg fygythiadau hefyd mewn llythyr oddi wrth fudiad yn dwyn yr enw *Sons of George*. Cyfeiriodd y llythyr, a oedd wedi'i ysgrifennu mewn llawysgrifen gyda beiro, yn benodol at Ffred Ffransis, Angharad Tomos a Tony Schiavone. Ond ni wireddwyd y bygythiadau hynny.

Yna, ar ddydd Llun, Hydref 1989, galwyd yr heddlu, gyda chŵn wedi'u hyfforddi'n arbennig i chwilio am ddeunydd ffrwydrol, i gartref Llywydd Plaid Cymru ac Aelod Seneddol Meirionnydd Nant Conwy yn Llanfachreth ger Dolgellau. Roedd Swyddfa'r Heddlu ym Mangor wedi derbyn llythyr mewn llawysgrifen oddi wrth fudiad newydd o'r enw *The Revolutionary Welsh Army*, yn datgan bod Dafydd Elis-Thomas yn darged ganddynt a'u bod yn bygwth llosgi ei gartref. Roedd y llythyr wedi'i bostio yn Aberystwyth.

Yn yr un modd ar 9fed Hydref derbyniodd y Ceidwadwr, Elwyn Jones, lythyr yn ei swyddfa yng Nghaernarfon. Roedd y llythyr, mewn amlen wen, mewn llawysgrifen ac yn ddwyieithog. Roedd wedi'i bostio ym Mangor gyda'r neges: 'Llongyfarchiadau am gael amlosgfa (sic) am ddim'. Yr wythnos cynt ymddangosodd Elwyn Jones ar y rhaglen materion cyfoes, *Y Byd ar Bedwar*, yn condemnio'r llosgwyr.

Ond fe ysgogodd yr ymgyrch losgi drafodaeth eang ar broblemau tai'r Gymru wledig.

Mewn cyfarfod o Gyngor Cymreig y Rhyddfrydwyr Democrataidd yn Neganwy galwodd Aelod Seneddol Brycheiniog a Maesyfed, Richard Livsey, am ddulliau i leddfu'r problemau oedd yn sail i'r ymgyrch losgi: 'Pan fo pobl leol yn methu prynu cartref oherwydd bod y prisiau mor uchel oherwydd y galw gan bobl eraill sy'n eu prynu, yn aml fel ail gartref, yna y mae hynny'n lygriad ffiaidd ar hawliau pobl boed nhw'n byw yn y Gymru Gymraeg, yn Ardal y Llynnoedd, yr Alban, neu lle bynnag'.

Ym mis Chwefror 1982 bu Theatr Bara Caws ar daith o gwmpas cymunedau Gwynedd gyda chyflwyniad yn tynnu sylw at y problemau hynny. Yr actorion oedd Dyfan Roberts, Mari Gwilym a Bryn Fôn, ac ym mis Mai 1982, penderfynodd aelodau Undeb y Gweithwyr Amaethyddol yn eu cynhadledd flynyddol yn Skegness y dylid dyblu'r dreth ddomestig ar dai haf. Yn ôl yr aelodau nid oedd tai haf yn: 'llesol i weithwyr amaethyddol na'u teuluoedd'.

Galwodd Llywydd Newydd y CLA (*Country Landowners' Association*) ar i'r llywodraeth weithredu yn wyneb argyfwng tai yng nghefn gwlad ledled gwledydd Prydain. Yn ôl Gordon Lee-Steere: 'Ni all pobl leol gystadlu yn erbyn pobl sy'n gweithio yn y trefi a'r dinasoedd ond yn dewis byw yng nghefn gwlad, neu yn erbyn pobl sydd am fyw yng nghefn gwlad ar ôl ymddeol, neu yn erbyn pobl sy'n prynu tai haf'.

Ym mis Mai 1989, yng nghynhadledd y Blaid Lafur Gymreig yn Llandudno, cyhoeddodd llefarydd y Blaid Lafur ar Faterion Cymreig, Barry Jones, y byddid yn cyflwyno rheolau cynllunio i gyfyngu ar ail gartrefi oherwydd meddai: 'Mae ail gartrefi yn tanseilio bywyd pentref'.

Yn Nyffryn Clwyd cynigiodd Eifion Lloyd Jones werthu tŷ ym mhentref Henllan am £10,000 yn rhatach i Gymro ac yn ardal y Bala roedd Idwal Williams yn fodlon gwerthu ei fferm yng Nghefnddwysarn am £30,000 yn rhatach i berson lleol.

Trafodwyd yr argyfwng hefyd yng Nghynhadledd Flynyddol yr Eglwys Bresbyteraidd yng Nghaerdydd pan gymeradwywyd cynnig gan y Parchedig D. Ben Rees, Lerpwl yn galw ar i'r llywodraeth roi blaenoriaeth i'r pwnc yna: 'Mae'r mewnlifiad o gymaint o bobl i Gymru'n newid holl batrwm ieithyddol y gymuned'.

Beirniadwyd un o gynghorwyr Plaid Cymru ar Gyngor Dyffryn Lliw am gynhyrchu mygiau yn cyfeirio at yr ymgyrch losgi. Ar y mygiau roedd llun tri mochyn bach a thŷ ar dân gyda'r geiriau: 'Mi chwythwn ni, ac mi chwythwn ni, ac mi losgwn ni'r tŷ'n ulw – cynnau tân dros Gymru'. Yn ôl Plaid Cymru roedd mygiau'r Cynghorydd Ioan Richard yn: 'hollol ddi-chwaeth a gwrthun'.

Ar faes Eisteddfod Genedlaethol Dyffryn Conwy yn Llanrwst rhybuddiodd Cyfarwyddwr yr Eisteddfod y buasai unrhyw un yn gwerthu nwyddau'n cefnogi'r ymgyrch losgi'n cael ei wahardd o'r maes yn syth: 'Ni all yr Eisteddfod Genedlaethol ganiatáu unrhyw gynnyrch sy'n cefnogi trais gael ei werthu ar y maes'.

Achoswyd cryn gynnwrf yn ystod Cynhadledd Flynyddol Plaid Cymru yn Ninbych ym mis Hydref 1989 pan lwyfannwyd drama ddadleuol ac amserol yn Theatr Twm o'r Nant yn y dref. Cyn-ymgeisydd seneddol y Blaid yn lleol, Eifion Lloyd Jones, oedd awdur *Plant y Fflam*. Mae'r ddrama'n sôn am rwystredigaeth gwraig ymgeisydd seneddol o genedlaetholwr sy'n cael ei ddenu gan eithafiaeth gwleidyddol, ond mynnodd yr awdur nad oedd dim yn hunangofiannol ynglŷn â'i ddrama!

Yn yr un mis sefydlwyd cymdeithas leol yn ardaloedd Penmachno a Dolwyddelan i atal y Comisiwn Coedwigaeth rhag gwerthu tai lleol ar y farchnad agored. Yn yr un ardal bu papur bro *Yr Odyn* hefyd yn feirniadol o'r modd yr oedd yr Ymddiriedolaeth Genedlaethol yn gwario ar wella eiddo oedd yn cael ei osod i ymwelwyr ond yn disgwyl i'r tenantiaid lleol parhaol dalu am welliannau i'w cartrefi eu hunain.

Bu'r awdurdodau lleol hefyd yn lleisio'u barn ac mewn cyfarfod o Bwyllgor Cynllunio Cyngor Dosbarth Maldwyn trafodwyd y posibilrwydd o wahardd Saeson rhag byw yn yr ardaloedd lle'r oedd y Gymraeg yn iaith y gymuned, a daeth adroddiad gerbron aelodau Cyngor Bwrdeistref Arfon yn nodi bod tai haf yng nghanol pentrefi yn effeithio ar wasanaethau lleol fel siopau a modurdai ac yn y blaen:

'Mae'n arferiad meddwl am dai haf fel eiddo sydd wedi'u lleoli mewn mannau diarffordd – ond anaml y digwydd hynny'.

Cynigodd Cadeirydd Cyngor Sir Gwynedd, y Cynghorydd R. Gwynedd Roberts, gyfarfod â'r llosgwyr gyda'r addewid y buasai'n trosglwyddo eu gofynion i'r Ysgrifennydd Gwladol, Peter Walker. Ond beirniadwyd ei syniad yn chwyrn gan y Cynghorydd Mair Ellis: 'Mae'r bobl yma wedi gwneud drwg i ddelwedd Cymru a'n gobaith o ddenu diwydiannau yma'.

Yn ôl y Cynghorydd R.A. Evans, o Gyngor Bwrdeistref Aberconwy, roedd nifer y tai haf yng Nghymru yn warth cenedlaethol, ac mewn cyfarfod o Bwyllgor Polisi a Chyllid y Cyngor galwodd ar i'w gyd-gynghorwyr achub ar bob cyfle i drosglwyddo'r neges yma i'r Swyddfa Gymreig.

Yn rhifyn mis Mawrth 1989 o'r papur bro, *Llanw Llŷn*, ysgrifennodd aelod o Gyngor Dosbarth Dwyfor, y Cynghorydd Alwyn Pritchard, erthygl yn cyfeirio at ddewrder Meibion Glyndŵr: 'Nid ydynt yn fodlon caniatáu i'r Saeson feddiannu ein gwlad. Rwyf yn cydymdeimlo'n llawn â Meibion Glyndŵr hyd nes y bydd y Llywodraeth yn ei gwneud hi'n glir eu bod yn cymryd problemau Cymru o ddifrif'. Cododd sylwadau'r Cynghorydd Pritchard, oedd yn athro o ran galwedigaeth, gryn nyth cacwn ymysg rhai o gynghorwyr Sir Gwynedd a bu'n rhaid iddo gyfiawnhau ei safbwynt gerbron y Cyfarwyddwr Addysg, Gwilym Humphreys. O ganlyniad pasiwyd cynnig brys gerbron cynhadledd flynyddol Undeb Cenedlaethol Athrawon Cymru yn Llanberis: 'yn amddiffyn hawl athrawon i leisio'u barn ar faterion o bwys heb gael eu galw i gyfrif am hynny na'u bygwth gyda diswyddiad'.

Gwylltiodd y Cynghorydd Tom Clutton o Gyngor Dosbarth Glyndŵr wrth i'r Pwyllgor Cynllunio drafod cais am ganolfan saethu paent mewn coedlan yn y Bontuchel, ger Rhuthun. Roedd ymateb y Cynghorydd Clutton i gais

Douglas Adams, yn wreiddiol o Warrington yn ddi-flewyn ar dafod: 'Does dim rhyfedd bod Saeson yn cael eu llosgi os ydynt yn cyflwyno ceisiadau fel hyn'.

Cododd y bardd offeiriaid R.S. Thomas hefyd nyth cacwn wrth drafod peryglon yr ymgyrch losgi mewn cyfweliad radio pan ddywedodd: 'Gwell fuasai colli bywyd un person na cholli'r iaith a'r diwylliant Cymraeg'. Beirniadwyd sylw'r bardd yn hallt gan Brif Gwnstabl Cynorthwyol Heddlu'r Gogledd, John Tecwyn Owen:

'Nid yw dychymyg cyfoglyd beirdd negyddol a gweithredoedd llwfrgwn, sy'n ymddwyn fel plant anaeddfed, o unrhyw les i Gymru.'

a chan Aelod Seneddol Meirionnydd Nant Conwy, Dafydd Elis-Thomas:

'Mae rhoi'r bai ar fewnfudwyr am newidiadau economaidd, cymdeithasol a diwylliannol yn adlais o'r adain dde Ewropeaidd – nid oes lle i drais gwleidyddol felly yng ngwleidyddiaeth Cymru.'

Yn ddiweddarach amddiffynnwyd hawl R.S. Thomas i leisio'i farn gan yr Athro Bedwyr Lewis Jones ac R. Gerallt Jones, cyd-olygyddion y cylchgrawn llenyddol chwarterol, *Taliesin*.

Parhaodd R.S. Thomas â'i safbwynt ac yn Eisteddfod Genedlaethol Dyffryn Conwy, Llanrwst yn 1989 cyhoeddodd daflen gyda'r teitl, *Gwlatgarwch*, lle mae'n cyhuddo'r Cymry o foesymgrymu i'r Saeson: 'Pan y mae carfanau megis Meibion Glyndŵr yn dangos fflach o wroldeb y gorffennol gwnawn ein gorau glas i'w beirniadu gan fynd o'n ffordd i arddangos ein teyrngarwch i Goron Lloegr. Yn hytrach na sefyll gyda'n gilydd yn erbyn y gelyn, sydd am ein dinistrio ni, rydym yn dotio arno, ac yn ei edmygu o, ac yn ei efelychu o hyd at lyfu ei esgidiau'.

Mewn cynhadledd gan Gyngor Dosbarth Dwyfor a gynhaliwyd ym Mhwllheli yn ddiweddarach, i drafod effeithiau'r mewnlifiad ar yr ardal, cafodd cynnig R.S. Thomas y dylai'r Cyngor gael grym ar fyrder i reoli'r mewnlifiad ei dderbyn yn unfrydol.

Flwyddyn yn ddiweddarach, mewn cyfarfod Cymdeithas Cyfamod y Gymru Rydd ym Machynlleth, parhaodd y bardd â'i safbwynt gwrth-goloneiddio: 'Ni ddylid croesawu ymsefydlwyr o Loegr'.

Ar 31ain Mawrth, 1981, galwodd Aelod Seneddol Caernarfon, Dafydd Wigley, am amod cynllunio ar dai haf. Ar 18fed Ionawr, 1982 (deng mis yn ddiweddarach) daeth ateb yr Is-Ysgrifennydd Gwladol, Syr Wyn Roberts: 'Nid wyf am gael fy ngwthio gan y llosgwyr i ymateb heb roi ystyriaeth ddwys i sefyllfa anodd ac astrus'. Dair wythnos yn ddiweddarach cyhoeddodd y llywodraeth na fyddid yn cyflwyno deddfwriaeth gynllunio newydd i reoli nifer y tai haf yng Nghymru.

Ceisiodd Cyngor Sir Gwynedd sicrhau sêl bendith y Swyddfa Gymreig i Gynllun Lleol Llanelltyd ac Ardudwy oedd yn cyfyngu caniatâd cynllunio i bobl leol yn unig – sef pobl wedi byw yn yr ardaloedd hynny am o leiaf dair blynedd. Ond yn ôl y Swyddfa Gymreig buasai polisi o'r fath ag effaith: 'bellgyrhaeddol ar bobl leol ac eraill oedd am werthu eu cartrefi ar y farchnad agored'.

Galwodd Aelod Seneddol Caernarfon, Dafydd Wigley, eto ar i'r Ysgrifennydd Gwladol, Peter Walker, wneud rhywbeth i liniaru problemau tai yng nghefn gwlad neu dderbyn y canlyniadau. Ymateb yr Ysgrifennydd Gwladol, Peter Walker, i'r argyfwng oedd mynnu'r hawl i werthu pob un tŷ yn y sector gyhoeddus yng Nghymru. Gwrthod yr awgrym wnaeth y Prif Weinidog, Margaret Thatcher.

Ail gyflwynodd Dafydd Wigley ei gais yng Ngorffennaf 1985 ond fe'i gwrthodwyd unwaith eto.

Ar 8fed Mai, 1988, cyhoeddodd y Swyddfa Gymreig ganlyniad arolwg cynhwysfawr, a baratowyd ar gost o £1.6m, yn dangos bod cyflwr tai yn y gogledd-orllewin cynddrwg, os nad yn waeth na chyflwr tai cymoedd de Cymru. Roedd 18.1% o dai ardal Dwyfor angen gwerth rhagor na £5,000 o waith arnynt er mwyn codi eu safon i lefel dderbyniol, tra mai 15.7% o dai Cwm Cynon oedd yn yr un cyflwr. Y cyfartaledd Cymreig oedd 5%.

Ond hyd yn oed wedyn, doedd dim yn tycio yng nghoridorau grym y Swyddfa Gymreig a dyna fu safbwynt y llywodraeth drwy gydol yr ymgyrch losgi. Syfrdanwyd y genedl gyfan pan ddywedodd yr Ysgrifennydd Gwladol, David Hunt, wrth annerch cyfarfod Cymdeithas Cynghorau Dosbarth Cymru yn Llandrindod ychydig yn ddiweddarach: 'Rwyf wedi gwrando ar y dadleuon i gyd ac wedi dod i'r casgliad nad oes problem dai yng Nghymru'.

Yn dilyn sylwadau David Hunt gorymdeithiodd dros 1,000 o bobl drwy Gaernarfon yn fuan wedyn yn galw am Ddeddf Eiddo ac i ddangos eu gwrthwynebiad i ddehongliad yr Ysgrifennydd Gwladol o'r sefyllfa.

Does ryfedd i Lywydd y Dydd yn Eisteddfod Genedlaethol yr Urdd yn y Drenewydd, 1988, y Parchedig Elfed Lewys, ddweud nad oedd hi'n syndod bod pobl ifanc Cymru'n ddiamynedd ac yn colli'u tymer wrth weld yr iaith Gymraeg yn cael ei threisio a dyfodol y genedl yn y fantol: 'Tactegau clasurol y Saeson yw gohirio unrhyw newid sylfaenol tra'n cynnig briwsion o bryd i'w gilydd'.

Bu sylwadau Elfed Lewys o dan lach y Ceidwadwr, Elwyn Jones, a honnodd fod yr Eisteddfod wedi'i herwgipio gan benboethiaid ffanatig: 'Mae'n fy nhristáu bod ieuenctid Cymru yn cael eu dylanwadu gan areithio mor rhagfarnllyd'.

Ategwyd sylwadau Elfed Lewys flwyddyn yn ddiweddarach gan yr Archdderwydd, Emrys Deudraeth, yng Ngŵyl Gyhoeddi Eisteddfod Genedlaethol Cwm Rhymni ym Margoed pan gododd gwestiwn amserol a dadleuol: 'Pa ryfedd bod tanau yng Nghymru heddiw?' Cyn hynny, roedd yr Archdderwydd wedi cyhuddo'r llywodraeth o boeri ar ben y Gymraeg.

Ar drothwy Gŵyl Ddewi 1991 addawodd yr arweinydd Llafur, Neil Kinnock, y buasai ei blaid yn cyflwyno mesurau grymus i reoli tai haf gan gynnwys rhoi arian ychwanegol i alluogi cynghorau lleol i brynu eiddo oddi ar y farchnad agored.

Yn ddiweddarach yn y flwyddyn galwodd aelodau y Pwyllgor Dethol Dros Faterion Cymreig ar i'r llywodraeth reoli'r mewnlifiad i Gymru ac i roi'r hawl i awdurdodau lleol brynu eiddo.

Pennod 8

YR EFELYCHWYR

Ar 18fed Mawrth, 1980, bu tân mewn tŷ haf yn Niserth oedd yn eiddo i ŵr o Runcorn. Ni ddarganfuwyd dyfais yno, ond hwn oedd y cyntaf o gyfres o danau bwriadol eraill fu mewn tai haf a thargedau tebyg eraill drwy gydol yr ymgyrch losgi na ellir eu tadogi i Feibion Glyndŵr.

Yna yn nechrau Ebrill ymosodwyd ar dŷ haf arall ym Meddgelert oedd yn eiddo i feddyg wedi ymddeol o Woolwich yn Llundain. Ymddangosodd David Davies (23) o Bridgewater yng Ngwlad yr Haf o flaen ei well gan bwysleisio nad oedd wedi gweithredu'n wleidyddol. Roedd wedi datgan ei fwriad o gynnau'r tân wrth ei gyfeillion. Roedd hyd yn oed wedi hysbysu plismon pentref Beddgelert o'i fwriad ar noson y tân ei hun. Ond nid oedd y Cwnstabl John Hughes Davies wedi'i goelio.

Yr un mis dedfrydwyd Albert Roberts (41) i dair blynedd o garchar yn Llys y Goron, Dolgellau am achosi gwerth £4,471 o ddifrod drwy dân i Fron Olau, Penrhyndeudraeth – eiddo i ŵr lleol o Lanfrothen. Unwaith eto pwysleisiwyd nad oedd unrhyw ysgogiad gwleidyddol i'r ymosodiad a bod y diffynnydd wedi gweithredu ar ei ben ei hun. Y Barnwr oedd cyn Aelod Seneddol Rhyddfrydol Maldwyn, yr Arglwydd Hooson.

Un tŷ haf aeth ar dân ym mis Mai 1980 a hwnnw oedd Tŷ Newydd rhwng Rhostryfan a'r Waunfawr ger Caernarfon ond ni chredir bod yr ymosodiad yn rhan o'r ymgyrch losgi. Ar 23ain Mehefin, cyhuddwyd Noel Redman (23) o Ffordd y Felin, Dolgellau o achosi difrod troseddol i Glanrafon, tŷ haf pedair llofft yng Nghorris ger Machynlleth ac fe'i carcharwyd am naw mis yn Llys y Goron, Caernarfon. Clywodd y llys nad oedd cymhelliad gwleidyddol i'w weithred.

Doedd dim cymhelliad gwleidyddol ychwaith i ddigwyddiad ym Mhorthmadog pan benderfynodd Malcolm Humphreys o'r dref greu pecyn a ymdebygai i ddyfais ffrwydrol a'i daflu i mewn i harbwr y dref. Galwyd ar arbenigwyr difa bomiau i ddelio â'r teclyn ac fe ddedfrydwyd y llanc 17 mlwydd oed i gyfnod profiannaeth o ddwy flynedd.

Ar 29ain Mawrth, 1982, ymddangosodd Dewi Vaughan Jones gerbron Llys Ynadon Caernarfon wedi'i gyhuddo o gynnau tân ac achosi gwerth £5,000 o ddifrod i Hafod y Rhiw Uchaf, Clynnog Fawr ger Caernarfon. Ddeufis yn ddiweddarach fe'i carcharwyd am ddwy flynedd gan Lys y Goron yn y dref. Dywedodd Mr Michael Farmer ar ei ran nad oedd y tân yn weithred wleidyddol fwriadol. Clywodd y llys fel y bu i'r diffynnydd gael ei orfodi i adael ei gartref yn yr ardal ar ôl i aelod o'i deulu etifeddu'r eiddo a'i werthu.

Ym mis Tachwedd 1983, ymosodwyd ar ddau fwthyn o eiddo Stad Bodorgan yn Ynys Môn sef Pant-y-mwyn ger Llys Tywysogion Gwynedd yn Aber-ffraw a Chastell Coron gerllaw. Treuliodd y pêl-droediwr enwog, Bobby Charlton, sawl gwyliau ym Mhant-y-mwyn. Dri mis yn ddiweddarach carcharwyd Robert Philip Hughes, 30 mlwydd oed, o Llangadwaladr, am bedair blynedd a hanner am achosi gwerth £59,000 o ddifrod i'r ddau dŷ yn ogystal ag i Tŷ Newydd, eto yn Aber-ffraw. Gofynnodd hefyd i 55 o droseddau eraill gael eu hystyried. Clywodd y llys nad oedd yr heddlu'n ei ystyried yn 'eithafwr'.

Un o'r 300 o gabanau gwyliau ger gwesty Rhiw Goch yn Bronaber ger Trawsfynydd oedd ail ymosodiad y flwyddyn (22ain Ionawr, 1984). Roedd y caban pren yn eiddo i gwpl o Romford yn Essex, ond o fewn dyddiau derbyniodd y BBC ym Mangor lythyr oddi wrth Fudiad Rhyddid Cymru yn gwadu cyfrifoldeb am yr ymosodiad hwnnw. Ymddangosodd Mathew Evans o Benrhyndeudraeth gerbron Llys Ynadon Blaenau Ffestiniog yn ddiweddarach a'i gyhuddo o'r drosedd.

Ar 17eg Hydref, 1984, anfonwyd Gwyn Jones i garchar am bum mlynedd ar ôl cyfaddef cynnau wyth tân mewn protest ynglŷn â'r modd yr oedd Cyngor Bwrdeistref Arfon yn ymdrin â'i gais am dŷ cyngor.

Yn Nolwen, Tanygrisiau ger Blaenau Ffestiniog y cafwyd y tân cyntaf mewn tŷ haf yn 1984. Daeth llythyr i swyddfa'r BBC ym Mangor o fewn ychydig ddyddiau yn rhybuddio y byddai'r ymgyrch losgi tai gwyliau'n eiddo i Saeson yng Nghymru'n datblygu i ddefnyddio bomiau go iawn. Roedd y llythyr gan fudiad o'r enw Mudiad Rhyddid Cymru wedi'i ysgrifennu â llaw ac wedi'i bostio ym Mlaenau Ffestiniog. Ymddangosodd bechgyn lleol gerbron llys plant Blaenau Ffestiniog flwyddyn yn ddiweddarach wedi'u cyhuddo o achosi difrod troseddol i Dolwen. Roeddynt wedi'u hysgogi i falu ffenest a rhoi matres ar dân yn y tŷ gan luniau a welsant ar y teledu o derfysgoedd yn Brixton, Llundain, a'r ffaith bod un ohonynt yn casáu Saeson.

Ym mis Ebrill 1985 llosgwyd *chalet* pren yn ulw ym Mhant-y-mwyn ger yr Wyddgrug. Bu'r *chalet* gwag yn eiddo i ŵr o Wallasey ar Benrhyn Cilgwri ers tair blynedd ond ni chredir i'r ymosodiad fod yn rhan o'r ymgyrch losgi.

Ar 14eg Chwefror, 1986, achosodd ffrwydrad werth miloedd o bunnau o ddifrod i dŷ haf ger Llanfair-ym-Muallt. Pibell ddŵr wedi'i rhewi a gafodd y bai.

Ar 15fed Gorffennaf, bu'n rhaid i ddiffoddwyr tân o Ddinbych a Llanelwy ddefnyddio offer anadlu i'w hamddiffyn rhag effeithiau'r mwg mewn tŷ gwyliau yn Nhrefnant, ac am 3.30 o'r gloch bore 9fed Hydref galwyd y gwasanaethau brys i Ganolfan y Sgowtiaid yn y Fflint lle dinistriwyd 14 o bebyll. Roedd y ddau dân wedi'u cynnau'n fwriadol ond ni wyddys i sicr os oeddent yn rhan o'r ymgyrch losgi ai peidio.

Yr un mis ymddangosodd Barry Frederick Graham, 23, o

Fae Cinmel gerbron Llys y Goron, yr Wyddgrug a'i gyhuddo o achosi gwerth £10,200 o ddifrod i garafanau'n yr ardal. Problemau gyda merched a'r ddiod feddwol gafodd y bai ganddo am ei dueddiadau llosgi.

Yn Nhachwedd 1987, cafwyd pedwar tân o fewn 400 llath i'w gilydd mewn awr a hanner yn Llandudno. Un o'r targedau oedd Clwb Golff Gogledd Cymru ar gyrion y dref. Dros y ddeufis nesaf cafwyd dros 20 o danau amheus yn yr ardal gan gynnwys gwerth £100,000 o ddifrod i un o atyniadau ymwelwyr mwyaf arfordir y Gogledd – y llethr sgïo ar Ben y Gogarth. Carcharwyd gŵr lleol, Roy Roberts, am dair blynedd a mis yn ddiweddarach am gynnau saith o'r tanau hynny.

Ar nos Sul, 21ain Tachwedd, 1987, galwyd Gwasanaeth Tân Clwyd i'r deuddegfed tân bwriadol yn ardal y Rhyl. Y tro hwn Neuadd Ddawnsio yng Nghanolfan Wyliau Swydd Derby yn y dref oedd y targed, ac er i ŵr lleol gael ei arestio dan amheuaeth o fod â rhywbeth i'w wneud â'r tân a'i ryddhau'n ddiweddarach heb ei gyhuddo, y mae'r sawl fu'n gyfrifol am y tanau yn dal yn anhysbys. Ni dderbyniodd unrhyw fudiad gyfrifoldeb am yr ymosodiadau. Ar 2il Ionawr, 1988, bu tân arall yn yr un Ganolfan.

Ym mis Hydref 1990, cafwyd yr ail dân o fewn saith mis yn y Snowdon Lodge Hotel ar fin ffordd yr A5 yn Nant Ffrancon ger Bethesda. Bu'n rhaid i 11 o ddiffoddwyr tân ymladd yn erbyn gwyntoedd cryfion i gael y fflamau o dan reolaeth. Yn wreiddiol roedd y perchennog, Kenneth Crook, wedi honni nad oedd adref pan gyneuodd y tanau ond gwrthbrofwyd hynny'n ddiweddarach ac fe'i hanfonwyd i garchar am dair blynedd. Roedd wedi cynnau'r tanau ei hun er mwyn hawlio arian yswiriant mewn ymgais i ddatrys trafferthion ariannol.

Ar noson olaf 1990 achoswyd gwerth £100,000 o ddifrod i Glwb Golff Barron Hill ym Miwmares. Nid oes awgrym bod cysylltiad rhwng y tân hwn ychwaith â'r ymgyrch losgi.

Pennod 9

TYSTIOLAETH DDIBYNADWY

Gymaint fu grym tanau cyntaf yr ymgyrch losgi fel na wyddys yn iawn sut y llwyddwyd i'w cynnau, ond at ei gilydd, dulliau digon amrwd a fabwysiadwyd gan y llosgwyr.

Y dechneg amlycaf, os nad y fwyaf effeithiol, a fabwysiadwyd yn y cyfnod cynnar hwnnw oedd gosod cannwyll mewn soser yn llawn cymysgfa o ddeunydd ymfflamychol. Ond dro ar ôl tro bu'r drefn yma'n fethiant wrth i chwa o awel fod yn ddigon i ddiffodd y gannwyll cyn iddi gwblhau ei gorchwyl.

Buan y sylweddolwyd, fodd bynnag, bod angen mabwysiadu dull ychydig yn fwy soffistigedig oedd yn gallu achosi'r difrod mwyaf ac yn rhoi cyfle hefyd i'r llosgwyr ddianc heb gael eu dal. Roedd yr ateb yng Ngogledd Iwerddon.

Yn nechrau'r 1970au roedd yr IRA wedi llosgi siopau cwmnïau Prydeinig yn Belfast a Deri gyda'r bwriad o'u dychryn o'r dalaith a thrwy hynny danseilio'r economi leol. Y cwbl oedd ei angen ar gyfer cynnau'r tân oedd cynhwysion sy'n hynod gyffredin sef sodiwm clorad (cemegyn a ddefnyddir fynychaf i ladd chwyn) a siwgr, ac fel y gŵyr pob plentyn ysgol mae ychwanegu asid sylffwrig at y cymysgedd rhyfeddol hwn yn achosi tân.

Ond y gyfrinach oedd darganfod ffordd i atal yr asid rhag cyrraedd y gymysgedd yn syth. Unwaith eto roedd yr ateb yn syml sef gosod yr asid mewn tiwb gwydr a gosod hwnnw mewn balŵn neu hyd yn oed gondom cyn torri'r tiwb pan oedd popeth yn ei le. Defnyddiwyd pêl dennis bwrdd hefyd i'r un perwyl. Roedd y cyfnod gymerai'r asid i fwyta ei ffordd allan o'r cynhwysydd yn rhoi digon o amser i'r llosgwyr fod yn ddigon pell cyn i'r tân wneud ei waethaf. Roedd y cynllun wedi gweithio i'r IRA ac felly hefyd i'r llosgwyr Cymreig.

Dyddiau gwaedlyd yr Ail Ryfel Byd yn Rwsia oedd tarddiad y *Malatov Cocktail*, sef dull arall a ddefnyddiwyd yn achlysurol gan Feibion Glyndŵr. Mae cyfrinach y *Malatov Cocktail* yn ei symlrwydd sef potel yn llawn petrol, neu hylif tanllyd arall, ynghyd â cadach wedi'i drochi mewn petrol wedi'i wthio i geg y botel. Drwy roi tân i'r cadach a thaflu'r botel at darged nes ei malurio roedd hon wedi'i phrofi'n ddyfais cynnau tân ffrwydrol a dinistriol.

Fel y datblygodd yr ymgyrch losgi, fodd bynnag, datblygu hefyd wnaeth y dyfeisiadau i fod yn fwy soffistigedig ac effeithiol. Er mai sodiwm clorad oedd y deunydd crai o hyd fe ddefnyddiwyd clociau *Equity* neu *Legend*, rhan amlaf, i amseru'r ffrwydrad gyda bylbiau fflach heb orchudd ar waith yn creu'r fflam ddechreuol. Byddai'r deunyddiau yma'n cael eu gosod mewn câs fideo a'u hanfon drwy'r post.

Yn ôl Prif Gwnstabl Heddlu'r Gogledd, David Owen, ar raglen materion cyfoes HTV, *Wales This Week*, roedd deunyddiau cynnau tân y llosgwyr erbyn hynny yn cael yr un effaith â napalm, y gymysgedd o betrol a chemegolion eraill ffrwydrol a ddefnyddiwyd gyda chanlyniadau mor erchyll gan luoedd yr Unol Daleithiau yn Rhyfel Fietnam.

Honnodd y Prif Gwnstabl hefyd bod y dyfeisiadau llosgi a ddefnyddiwyd gan Feibion Glyndŵr wedi mynd yn fwy soffistigedig ers i aelodau blaenllaw o Gymdeithas yr Iaith Gymraeg fynd ar daith i Belfast er mwyn creu cysylltiadau diwylliannol gydag ymgyrchwyr o blaid yr iaith Wyddeleg yng Ngogledd Iwerddon.

Ni wyddys beth oedd sail yr honiad hwnnw ond fe gefnogwyd y safbwynt gan Brif Gwnstabl Cynorthwyol Heddlu Dyfed Powys, Eifion Pritchard: 'Nid oes gan y rhai sy'n gyfrifol am yr ymosodiadau yma barch at y broses ddemocrataidd ac mae'n rhesymol ystyried y gall fod yna gysylltiad rhyngddynt â phobl gyda meddylfryd cyffelyb'.

* * *

O ddal Meibion Glyndŵr felly, buasai cymaint yn dibynnu ar dystiolaeth fforensig a gafwyd o weddillion y tai haf ac o'r dyfeisiadau na ffrwydrodd.

Ar fore'r 12fed Rhagfyr, 1979, y gŵr cyntaf i gael mynediad i weddillion y tŷ haf cyntaf hwnnw a aeth yn wenfflam ar Fynydd Nefyn yn Llŷn oedd gwyddonydd o Labordai Fforensig y Swyddfa Gartref yn Chorley, Swydd Gaerhirfryn. Dro ar ôl tro ar ôl hynny, teithiodd y Dr Frank Skuse o'i gartref yn Wigan i gribo drwy weddillion tai haf mewn ymgais i gasglu tystiolaeth fuasai'n arwain at y llosgwyr.

O ddechrau'r ymgyrch felly, Dr Skuse oedd yn arwain ar faterion fforensig yn ymchwiliadau'r heddlu. Wedi'r cwbl roedd ganddo brofiad helaeth mewn materion o'r fath. Bu'n aelod o'r Gwasanaeth Fforensig yn 1963. Ond bu'n bennaf gyfrifol hefyd am garchariad merch ifanc o Stockport ger Manceinion ar gam. Ei dystiolaeth fforensig annibynadwy fu'n ddigon i ddedfrydu Judith Ward yn euog o osod bom 50 pwys ar fws yn teithio ar hyd ffordd yr M62 o Fanceinion i'r Gwersyll Milwrol yng Nghatraeth (Catterick) yn Swydd Efrog ym mis Mai 1972. Lladdwyd milwr, ei wraig a dau o'u plant yn yr ymosodiad, a'r IRA a hawliodd gyfrifoldeb. Ond fel y profwyd ddeunaw mlynedd yn ddiweddarach, nid Judith Ward a osododd y bom.

Ar nos Iau, 21ain Tachwedd, 1974, camodd chwe Gwyddel ar drên yng ngorsaf New Street yn Birmingham. Roedd rhai ohonynt ar eu ffordd i angladd yn Belfast. Roedd James McDade yn gydweithiwr iddynt, ac yn un arall o Wyddelod alltud canolbarth Lloegr. Ond yn ddiarwybod i'r chwech roedd McDade hefyd yn aelod o'r IRA ac fe'i lladdwyd yn gosod bom yn Coventry rai nosweithiau ynghynt.

Ni chwblhawyd y daith i Belfast. Am 10.40 o'r gloch y noson honno, wrth ddal llong fferi yn harbwr Heysham yn Swydd Gaerhirfryn, cafodd Huw Callaghan, Patrick Hill, Gerry Hunter, Richard McIlkenny, Billy Power a Johnny Walker eu harestio. Roedd yr heddlu am eu holi ynglŷn â'r achos llofruddiaeth mwyaf yn hanes cyfreithiol Cymru a Lloegr. Oherwydd ynghynt y noson honno ffrwydrodd dwy arall o fomiau'r IRA mewn dwy dafarn yng nghanol dinas Birmingham. Bu farw 21 o bobl ac anafwyd 162 wrth i'r bomiau rwygo drwy *Tavern in the Town* a'r *Mulberry Bush*. Cludwyd y chwech i'w holi ymhellach yng Ngorsaf yr Heddlu yn Morecambe.

Galwyd ar wasanaeth Dr Frank Skuse. Ei orchwyl cyntaf oedd cynnal profion ar ddwylo'r chwech am olion ffrwydron. Roedd rhai o'r profion hynny'n gadarnhaol.

Bu canlyniadau'r profion yn erchyll. Cafodd Chwech Birmingham, fel y'u gelwid, eu cam-drin yn feddyliol a chorfforol a'u gorfodi i gyfaddef i'r llofruddiaethau. Er iddynt wadu'n daer ar y dechrau, roedd yr heddlu wedi cymryd Dr Skuse ar ei air. Fel y dywedodd y Ditectif Ringyll Ray Bennett o Uned Troseddau Difrifol Heddlu'r *West Midlands* wrth Patrick Hill ar y noson gyntaf honno yn Morecambe: 'Nid fi sy'n dweud bod ôl ffrwydron arnoch chi – y gwyddonydd sy'n dweud'.

Carcharwyd y chwech am oes, ond ddeng mlynedd yn ddiweddarach cododd rhaglen materion cyfoes Granada, *World in Action*, amheuon ynglŷn â diogelwch profion Dr Skuse. Yn ôl arbenigwyr eraill ar y rhaglen nid oedd y profion hynny'n gallu gwahaniaethu rhwng olion y deunydd ffrwydrol, *nitroglycerine*, â deunydd nad yw'n ffrwydrol, *nitrocellulose*. Dywedwyd bod y deunydd hwnnw'n bresennol mewn bob math o nwyddau cyffredin i

bob cartref gan gynnwys cardiau chwarae. Roedd Chwech
Birmingham wedi chwarae cardiau ar y trên ar eu ffordd o
Birmingham i Heysham.

O ganlyniad i'r rhaglen deledu roedd hygrededd Dr
Frank Skuse yn chwilfriw, a thrannoeth ymddeolodd o'r
Gwasanaeth Fforensig – roedd o'n 50 mlwydd oed. Hyd yn
oed wedyn, treuliodd Chwech Birmingham chwe blynedd
arall o dan glo hyd nes i'r Llys Apêl eu rhyddhau ar 14eg
Mawrth, 1991 – un mlynedd ar bymtheg ar ôl y bomiau yn
Birmingham. Yn fuan wedyn cafodd Judith Ward hithau ei
thraed yn rhydd.

Pennod 10

YMHOLIADAU'R HEDDLU

Un o gynghorwyr Meirionnydd oedd un o'r rhai cyntaf i godi amheuon, ar goedd, ynglŷn ag effeithiolrwydd yr heddlu i ddal Meibion Glyndŵr.

Bu'r Cynghorydd Isgoed Williams yn aelod o Gyngor Sir Gwynedd a Chyngor Dosbarth Meirionnydd dros ardal Trawsfynydd: 'Mae hi'n ddirgelwch llwyr i mi pam fod yr heddlu mor araf. Wedi'r cwbl maent yn llwyddo i ddal drwgweithredwyr mewn meysydd eraill'.

Ategwyd y sylwadau hynny gan aelod seneddol Meirionnydd Nant Conwy, Dafydd Elis-Thomas, a darpar ymgeisydd y Blaid Lafur yn yr etholaeth, Hugh Roberts. Awgrymodd y ddau, fel ei gilydd, nad oedd Prif Gwnstabl Heddlu'r Gogledd, David Owen, yn gwneud digon i ddal y llosgwyr, a bu diffyg ymholiadau'r heddlu yn nodwedd amlwg drwy gydol yr ymgyrch.

Ond gwadu ensyniadau o'r fath wnaeth Dirprwy Brif Gwnstabl Heddlu'r Gogledd, Eric Evans: 'Roedd y ffaith bod pobl wedi'u cael yn euog mewn llysoedd barn o losgi tai yn arwydd o lwyddiant ymholiadau'r heddlu i'r ymgyrch losgi'.

Ffurfiwyd uned arbennig o dditectifs i ganolbwyntio ar yr ymgyrch losgi. Ymysg eu gorchwylion mwyaf cyffredin oedd treulio cyfnod mewn tŷ haf lle nad oedd dyfais a adawyd yno wedi ffrwydro. Eu gobaith oedd y buasai'r llosgwyr yn dychwelyd i orffen eu gwaith – ond ni wireddwyd y gobaith hwnnw. Yn ôl Prif Gwnstabl Heddlu'r Gogledd, David Owen, wrth aelodau Pwyllgor Dibenion Cyffredinol Awdurdod Heddlu'r Gogledd yn ddiweddarach, roedd yr uned yma'n cynnwys naw o dditectifs parhaol – chwe chwnstabl, un rhingyll, un arolygydd ac un uwch arolygydd. Ychwanegwyd at y niferoedd hyn yn ôl y galw.

Ymddangosodd pennaeth yr uned newydd, y Ditectif Uwch Arolygydd Gwyn Williams ar raglen deledu *Crimewatch UK* gan gyhoeddi bod gan yr heddlu lawer o wybodaeth am liw gwallt a grŵp gwaed y llosgwr. Roedd gwadn esgid *trainer* wedi'i darganfod y tu allan i dŷ haf aeth ar dân yn ardal Llanberis, ac i'r esgid ynghyd ag *Anorak Schooner* a fflach lamp *Stingray* gael ei darganfod wedi'u taflu i mewn i ddŵr llyn Chwarel Vivian gerllaw.

Trefnwyd arddangosfa ddramatig a graffig pan wahoddwyd y wasg i safle cyn wersyll y fyddin yn Nhŷ Croes ger Aber-ffraw yn Ynys Môn. Yno roedd arbenigwyr difa bomiau wedi paratoi dyfais, yn cynnwys litr o betrol, yn un o'r adeiladau yno. Yna, pan oedd y camerâu a'r ffotograffwyr yn barod ffrwydrwyd y ddyfais. Roedd yr effaith yn ddisgwyliedig. Bu'r ffrwydrad yn ddigon i fyddaru ardal gyfan a chwythwyd drws y tŷ yn uwch na'r to gan rym y ffrwydrad.

Cynigiodd Heddlu'r Gogledd £50,000 o wobr i unrhyw un oedd â gwybodaeth fuasai'n arwain at ddal y llosgwyr. Ychwanegwyd £30,000 at hyn gan bapur newydd *The Western Mail*. Roedd hwn yn swm sylweddol o ystyried mai £30,000 gynigiodd Heddlu Swydd Efrog, lai na degawd ynghynt, am wybodaeth fuasai'n arwain ar ddal Peter Sutcliffe – yr *Yorkshire Ripper*. Yn ôl y Ditectif Brif Uwch Arolygydd Gwyn Williams derbyniwyd nifer o alwadau ffôn yn syth ar ôl cyhoeddi maint y wobr: 'Mae gennym gyfoeth o wybodaeth, ond rwyf braidd yn brin o dystiolaeth ar hyn o bryd'.

Yn ôl Prif Gwnstabl Heddlu'r Gogledd, David Owen, roedd y bai am y diffyg tystiolaeth yma yn solet ar ysgwyddau trigolion y cymunedau Cymraeg. Tybiai'r Prif Gwnstabl bod cynllwyn bwriadol yn yr ardaloedd hynny i fod yn dawel ynglŷn â'r llosgi ac i beidio rhannu gwybodaeth gyda'r heddlu. Cafodd barn y Prif Gwnstabl ei adlewyrchu yn natganiadau plismyn amlwg eraill hefyd.

Wrth sefydlu'r rhif ffôn arbennig i dderbyn gwybodaeth gyfrinachol ynglŷn â'r llosgwyr dywedodd Pennaeth CID Heddlu'r Gogledd, y Ditectif Uwch Arolygydd Gwyn Owen: 'Rwy'n grediniol bod pobl leol yn gwybod pwy yw'r llosgwyr, ond yn dewis peidio â dweud'.

Yn yr un modd cafwyd sylw, fu'n destun sawl sgwrs, cerdd a chân (a llyfr hefyd o ran hynny!) ar ôl hynny, gan yr Uwch Arolygydd Ifor Griffith o Bencadlys Rhanbarthol Heddlu'r Gogledd yng Nghaernarfon pan ddywedodd: 'Yn rhywle mae rhywun yn gwybod rhywbeth'.

Ategwyd yr un farn yn ddiweddarach gan bennaeth newydd CID Heddlu'r Gogledd, y Ditectif Brif Uwch Arolygydd Gwyn Williams: 'Rwy'n cael fy nhristáu gan ddiffyg ymateb y cyhoedd. O ystyried bod y dyfeisiadau yma'n cael eu gosod rhwng 6.00 o'r gloch a 9.00 o'r gloch fin nos, rwyf yn cael fy synnu'n aml nad oes unrhyw un wedi gweld unrhyw beth sy'n amheus'.

Mewn ymateb i sylwadau'r heddlu dywedodd Dafydd Iwan, Is-lywydd Plaid Cymru ar y pryd, ei fod o wedi'i ddychryn gan yr awgrym bod Cymry Cymraeg yn fwriadol yn peidio â rhoi gwybodaeth ynglŷn â'r llosgwyr i'r awdurdodau. Ond y gwir amdani yw fod peth sail i'r cyhuddiad.

Ar gyfer arolwg a gomisiynwyd gan raglen materion cyfoes HTV ar S4C, *Y Byd ar Bedwar*, pan oedd y llosgi yn ei anterth, holodd y cwmni ymchwil, NOP, 1,195 ym mhob cwr o Gymru ynglŷn â'u hagweddau tuag at yr ymgyrch.

Er i 69% o'r rhai a holwyd ddweud y buasent yn cynorthwyo'r heddlu pe bai tŷ haf yn mynd ar dân yn eu hardaloedd roedd 57% yn gefnogol i nod yr ymgyrch losgi. Ond yn ardal Dwyfor – cadarnle'r iaith a lle'r oedd y broblem tai haf ar ei gwaethaf – roedd y canran o bobl a holwyd a oedd yn gefnogol i nod y llosgwyr, yn codi i 85%.

Roedd yna gydymdeimlad amlwg felly i'r ymgyrch wedi datblygu yn yr ardaloedd lle'r oedd yr iaith Gymraeg ar ei chryfaf. Aeth papur bro Dyffryn Conwy, *Yr Odyn*, cyn belled â dweud bod llawer o drigolion yr ardal honno'n gobeithio na fyddid yn dal y llosgwyr: 'Y gwir amdani yw fod pobl sy'n byw mewn ardaloedd gwledig yn gweld nad oes neb arall yn ceisio datrys y broblem tai haf – problem sy'n gancr yn y gymuned'. Yn ôl Prif Gwnstabl Cynorthwyol Heddlu'r Gogledd, John Tecwyn Owen, roedd sylwadau *Yr Odyn* yn: 'rhagfarnllyd a chul'.

Comisiynwyd gwaith ymchwil pellach gan Heddlu'r Gogledd ei hun, ar gost o £20,000, ar agweddau'r cyhoedd tuag atynt. Alan Wadden a Dr Colin Baker o Goleg y Brifysgol ym Mangor fu'n gyfrifol am yr ymchwil ac un o'r casgliadau mwyaf arwyddocaol oedd y gwahaniaeth sylweddol a welwyd rhwng agwedd y siaradwyr Cymraeg a'r di-Gymraeg tuag at yr heddlu. Roedd 96% o'r bobl di-Gymraeg yn dweud y buasent yn datgelu gwybodaeth wrth yr heddlu am droseddau difrifol, megis byrgleriaeth, trais a chynnau tân yn fwriadol. Ond ymysg y Cymry Cymraeg roedd y canran yna'n gostwng i 89.7%. Yn ôl y gwaith ymchwil hwnnw hefyd nid oedd siaradwyr Cymraeg ag ymddiriedaeth lwyr yng ngwaith yr heddlu ac roeddynt yn amheus o'u cymhellion. Roeddynt hefyd yn dueddol o gredu bod yr heddlu'n gwahaniaethu yn erbyn rhai carfanau'n y gymdeithas, tra bo pobl ddi-Gymraeg â llawer mwy o ymddiriedaeth yng ngwaith y plismyn.

Doedd ystadegau o'r fath yn ddim syndod i Gadeirydd Awdurdod Heddlu'r Gogledd ar y pryd. Roedd y Cynghorydd R.H. Roberts yn gweld agwedd y Cymry Cymraeg tuag at yr heddlu'n deillio o agwedd gyffredinol yr Heddlu ei hun tuag at y siaradwyr Cymraeg a'u hiaith: 'Mae dangos sensitifrwydd tuag at yr iaith Gymraeg yn bwysig, ond mae'n drist dweud bod yna ddiffyg sensitifrwydd o'r fath o fewn Awdurdod Heddlu'r Gogledd'.

Mae'n sicr na fu ymdriniaeth yr Heddlu o'r ardaloedd Cymraeg o gymorth. Wedi'r cwbl, roedd uchel swyddogion yn cyhuddo'r trigolion o guddio gwybodaeth am y llosgwyr. Bu atal ac archwilio cerbydau yn ddigwyddiadau cyson yn yr ardaloedd hyn. Cefais wybod gan heddweision fel yr anfonwyd ditectifs i wylio tai cenedlaetholwyr amlwg yn y gobaith o'u dal yn crwydro o'u gwlâu ar ryw berwyl drwg. Roedd y cymunedau Cymraeg o dan warchae – ac roedd y trigolion yn ymwybodol iawn o hynny. Adlewyrchwyd hyn yn y nifer o Gymry Cymraeg oedd am ymaelodi â Heddlu'r Gogledd yn ystod cyfnod y llosgi, ac ar ôl hynny. Roedd y lleihad yn nodedig a chyfeiriodd Ffederasiwn yr Heddlu at y diffyg hwnnw.

I goroni'r cwbl roedd Heddlu'r Gogledd am gau gorsafoedd yr heddlu yng nghefn gwlad yn groes i ddymuniad brwd y trigolion. Ond penderfyniad Awdurdod Heddlu'r Gogledd ar 7fed Gorffennaf, 1987, a hynny o ddeg pleidlais i bump, oedd cau 29 o orsafoedd. Argymhelliad y Prif Gwnstabl, David Owen, gerbron yr Awdurdod oedd cau 44 ohonynt.

Pennod 11

PARTI LLIW A'R CYFAMODWYR

Ar 4ydd Gorffennaf, 1981, y gwelwyd nhw gyntaf.

Yr achlysur oedd yr orymdaith flynyddol yn Abergele i gofio am Alwyn Jones a George Taylor a laddwyd tra oeddent yn ceisio gosod dyfais ffrwydrol ar reilffordd arfordir y gogledd noswyl Arwisgo'r Tywysog Charles yn Dywysog Cymru ar 1af Gorffennaf, 1969.

O flaen y dorf o tua 200 a ddaeth i Abergele y diwrnod hwnnw, cerddodd pedair o ferched wedi'u gwisgo mewn sgert ddu, blows wen, cardigan ddu a *beret*. Yn eu dilyn roedd yna wyth o ddynion mewn crysau gwynion, tei goch a *beret* gyda bathodynnau'r ddraig goch arnynt. Roeddent yn cludo baner Mudiad y Gweriniaethwyr Sosialaidd Cymreig, ond dyma ragflaenydd yr hyn a ddaeth i gael ei adnabod yn Barti Lliw Meibion Glyndŵr.

Cafodd pob un mewn lifrai ymweliad gan yr heddlu'n ddiweddarach a'u rhybuddio i beidio â gorymdeithio mewn lifrai eto.

Bu'n rhaid aros saith mlynedd hyd nes i'r Parti Lliw ei hun ymddangos a hynny unwaith eto yn Abergele ar 1af Gorffennaf, 1989 – ugain mlynedd i'r diwrnod ers marwolaeth Alwyn Jones a George Taylor. Wyth o lanciau oedd yna'r tro hwnnw – pob un mewn crys gwyn gyda bathodyn Parti Lliw Meibion Glyndŵr. Ar eu pennau roedd *beret* du gyda phlu gwyn, coch a gwyrdd. Ar eu trwynau roedd sbectols tywyll.

Roedd yna 250 o bobl yn gorymdeithio yn Abergele y diwrnod hwnnw – nifer ohonynt yn gwisgo crysau-T ac arnynt y geiriau 'Ta Ta, Tŷ Ha, Ha Ha'.

Yno hefyd roedd Prif Gwnstabl Cynorthwyol Heddlu'r Gogledd, John Tecwyn Owen, a'r Ditectif Brif Uwch

Arolygydd Gwyn Williams. Llosgwyd Jac yr Undeb o'u blaenau ond ni arestiwyd unrhyw un o ganlyniad i'r weithred. Yn ôl Heddlu'r Gogledd:

'Buasai erlyn yr unigolion annigonol hyn yn rhoi llawer mwy o gyhoeddusrwydd nac y mae eu gweithgaredd yn ei haeddu. Nid oedd eu hymgais bathetig braidd i wisgo dillad o'r fath yn cyfiawnhau ymyrraeth o du'r heddlu y tro hwn.'

Ond o fewn yr wythnos roedd tro pedol wedi digwydd. Am 7.00 o'r gloch fore Llun, 10fed Gorffennaf, 1989, ymwelodd ditectifs â chartrefi'r wyth aelod o Barti Lliw Meibion Glyndŵr a fu'n gorymdeithio yn Abergele. Roedd un ohonynt eisoes wedi cychwyn am ei waith ac fe'i harestiwyd tra oedd yn disgwyl am y bws. Beirniadwyd yr heddlu gan Gymdeithas Cyfamod y Gymru Rydd am beidio â hysbysu'r teuluoedd beth oedd tynged yr wyth, ond fe'u rhyddhawyd yn ddiweddarach yn ddi-gyhuddiad.

Ond yn sgil yr arestio hwnnw talodd ditectifs yn ymchwilio i'r ymgyrch losgi ymweliad â swyddfa Prif Weithredwr Cyngor Ynys Môn, Leon Gibson. Roeddent am wybod ganddo sut y bu i ddogfennau cynllunio cyfrinachol y cyngor fynd i ddwylo aelod o Barti Lliw Meibion Glyndŵr. Roedd Leon Gibson yn ei dro am gael gwybod gan yr heddlu sut y bu i'w hymweliad â'i swyddfa gyrraedd clustiau'r wasg.

Ar 7fed Gorffennaf, 1990 yr ymddangosodd Parti Lliw Meibion Glyndŵr nesaf. Roedden nhw'n arwain y 120 o bobl a orymdeithiodd y flwyddyn honno yn y cyfarfod blynyddol yn Abergele. Ni arestiwyd unrhyw un y pryd hwnnw, nac ar yr un achlysur flwyddyn yn ddiweddarach ychwaith. Ymysg aelodau Parti Lliw Meibion Glyndŵr y flwyddyn honno roedd Siôn Aubrey Roberts, David Gareth Davies a Dewi Prysor Williams.

Ar 11eg Mai, 1998, daeth 60 o genedlaetholwyr ynghyd yn Senedd-dy Owain Glyndŵr ym Machynlleth i sefydlu

Cymdeithas Cyfamod y Gymru Rydd.

Tynnodd y mudiad hwn sylw at arferiad gwerthwyr tai yn Lloegr i dargedu busnesau yng Nghymru fel bo modd i Saeson eu prynu. Canolbwyntiodd Cymdeithas Cyfamod y Gymru Rydd ar F.A. Humberstone & Partners, gwerthwyr tai â'i bencadlys yn Birmingham. Roedd y cwmni wedi ysgrifennu at bostfeistri a pherchnogion busnesau eraill yng nghefn gwlad Cymru yn eu hannog i werthu i gwsmeriaid parod ar lyfrau'r cwmni. Yn ôl Cymdeithas Cyfamod y Gymru Rydd roedd arferiad o'r fath yn: 'ffiaidd a pharasitig'.

Yn Eisteddfod Genedlaethol Dyffryn Conwy yn Llanrwst yn 1989 galwodd Cymdeithas Cyfamod y Gymru Rydd am gyfyngu nifer y mewnfudwyr i 10% ym mhob cymuned.

Ar faes Eisteddfod Genedlaethol Bro Delyn yn yr Wyddgrug yn 1991, galwodd gylchgrawn y mudiad, *Y Cyfamodwr*, ar i Gymry ifanc ffurfio byddin i amddiffyn y genedl drwy bob dull posib. Yn yr un Eisteddfod roedd cylchgrawn arall ar werth a hwnnw'n annog llosgi rhagor o dai haf. Roedd y cylchgrawn wyth tudalen, *Y Mab*, ar werth ar stondin Cymdeithas Cyfamod y Gymru Rydd ar y maes.

Pennod 12

HEDDLU GWLEIDYDDOL

'Yn 1968 y trodd yr heddlu yng Nghymru i fod yn heddlu gwleidyddol.'

Dyna oedd sylw cyn Bennaeth CID Heddlu Gwynedd, John Hughes, wrth edrych yn ôl ar yrfa lewyrchus fel plismon ond yn cyfeirio at y cyfrifoldebau newydd y bu raid iddo ymgymryd â hwy dros y misoedd yn arwain at Arwisgo'r Tywysog Charles yn Dywysog Cymru yng nghastell Caernarfon ar 1af Gorffennaf, 1969.

Roedd hi'n gyfnod cynhyrfus drwy'r byd. Roedd y chwedegau wedi rhyddhau pobl ifanc o'r hualau caeth fu ar eu rhieni a'u rhieni hwythau cyn hynny. Roedd newid ar droed a hynny'n ei amlygu ei hun mewn agweddau newydd tuag at ryw, mewn newidiadau cymdeithasol ac mewn chwyldro gwleidyddol.

Yn Ffrainc, fe fu bron i'r llywodraeth yno chwalu o dan bwysau protestiadau myfyrwyr a streic gyffredinol. Yn Lloegr bu'n rhaid i'r awdurdodau gau coleg yr LSE yn Llundain ar ôl i fyfyrwyr feddiannu rhan o'r sefydliad mewn protest, ac yn yr Unol Daleithiau, fel yn Ewrop, tyfodd y gwrthwynebiad i'r rhyfel yn Fietnam yn ffactor allweddol i ddirwyn y rhyfel hwnnw i ben.

Yn yr un modd yma yng Nghymru roedd pobl ifanc yn protestio. Parhad yr iaith Gymraeg oedd yr achos y tro hwn a bu gwrthdaro cyson rhwng yr awdurdodau ag aelodau Cymdeithas yr Iaith Gymraeg oedd yn mynnu, drwy ddulliau di-drais, ddilysrwydd cyfartal i'r iaith. Yn 1966 carcharwyd Geraint Jones, y cyntaf o ddegau o aelodau'r Gymdeithas a welodd lwyddiant i'w hachos drwy hunan-aberth a chlep ar ddrws y gell.

Yn 1966 cafwyd carreg filltir bwysig arall hefyd yn hanes

gwleidyddol Cymru wrth i Gwynfor Evans gipio sedd Caerfyrddin yn San Steffan yn enw Plaid Cymru.

Ond yn gefndir i hyn i gyd roedd rhai o'r farn nad drwy brotest heddychlon ac ennill pleidleisiau roedd ennill y dydd. Yn 1963, carcharwyd Emyr Llewelyn ac Owain Williams am osod dyfeisiadau ffrwydrol a achosodd ddifrod i offer ar safle argae Tryweryn – argae oedd i foddi cymuned Cwm Celyn. Dŵr oedd asgwrn y gynnen yn ddiweddarach hefyd pan osodwyd bomiau a ddifrododd bibelli'n cludo 'olew Cymru' o lynnoedd Llanwddyn, Clywedog ac Elan i ddinasoedd Lerpwl a Birmingham.

Yn yr hinsawdd oedd ohoni felly roedd cyhoeddiad Llywodraeth Lafur y Prif Weinidog Harold Wilson, gyda George Thomas (Iarll Tonypandy'n ddiweddarach) yn brif ladmerydd Cymreig, bod etifedd coron Lloegr unwaith eto am gael ei arwisgo'n Dywysog Cymru ar 1af Gorffennaf, 1969 fel tywallt halen ar y briw.

Newidiodd pwyslais y bomwyr o ddŵr i'r Arwisgo a ffyrnigodd yr ymosodiadau fel y nesaodd y dydd mawr a bu hyd yn oed y Deml Heddwch yng Nghaerdydd yn darged. Hawliodd MAC (Mudiad Amddiffyn Cymru) gyfrifoldeb tra gorymdeithiodd aelodau'r FWA (*Free Wales Army*) yn eu lifrai yn ôl y galw a'r achlysur.

Bu ymateb yr awdurdodau'n chwim.

Roedd hi'n amlwg bod bygythiad real i'r drefn gyhoeddus yng Nghymru. Roedd amheuaeth a oedd heddluoedd Cymru, o dan arweiniad y Ditectif Uwch Arolygydd George Vivian Fisher, yn gallu ymdopi â'r cynnydd syfrdanol mewn trais gwleidyddol.

Sefydlwyd uned arbennig o blismyn gyda'i bencadlys yn yr Amwythig. Pennaeth yr uned oedd *Commander* Jock Wilson o Gangen Arbennig Heddlu'r Metropolitan yn Llundain – Albanwr a phlismon profiadol a fu unwaith yn Bennaeth CID Brixton. Ei ddirprwy oedd Raymond Kendall – plismon a orffennodd ei yrfa'n bennaeth Interpol, yr heddlu rhyngwladol. Roedd *Operation Cricket* ar waith.

Ffrwyth llafur yr uned arbennig fu arestio naw aelod o'r FWA a'u cyhuddo o droseddau'n ymwneud ag arfau ac amharu â'r drefn gyhoeddus. Dechreuodd yr achos yn eu herbyn ym Mrawdlys Abertawe ym mis Ebrill 1969, a dod i ben ar ddydd yr Arwisgo ei hun. Dywedwyd ar y pryd mai hwn oedd yr achos hwyaf yn hanes llysoedd Cymru ac fe'i cynhaliwyd ar gost o ragor na chan mil o bunnau. Cafodd dau o'r diffynyddion, Dennis Coslett a Julian Cayo Evans, 15 mis o garchar yr un a chytunodd y ddau hefyd na fyddent yn cymryd rhan mewn gweithgareddau parafilwrol ar ôl hynny. Derbyniodd Keith Griffiths naw mis o garchar a rhoddwyd dedfrydau wedi'u gohirio ar dri arall. Cafwyd tri diffynnydd yn ddi-euog o'r cyhuddiadau yn eu herbyn.

Ond er syndod i Jock Wilson, parhau wnaeth y bomio, a'r noson cyn yr Arwisgo lladdwyd William Alwyn Jones a George Francis Taylor o Abergele wrth osod bom ar reilffordd arfordir y gogledd – rheilffordd y byddai'r trên brenhinol yn ei defnyddio drannoeth. Roedd y ddau'n aelodau o Fudiad Amddiffyn Cymru.

Dwysaodd ymdrechion yr heddlu ac roedd gwybodaeth a ddaeth i law yn ddigon i'w cyfeirio at Ganolfan Byddin Prydain yng Nghaer ac at John Barnard Jenkins – rhingyll yn ardal ddeintyddol y Fyddin. Yn y llys plediodd yn euog i wyth cyhuddiad yn ymwneud â ffrwydron ac ar 20fed Ebrill, 1970 fe'i hanfonwyd i garchar am ddeng mlynedd. Cafodd Frederick Ernest Alders ddedfryd o chwe mlynedd ar ôl iddo gytuno rhoi tystiolaeth ar ran yr erlyniad yn y llys.

I'r awdurdodau bu *Operation Cricket* yn llwyddiant. Aeth yr Arwisgo rhagddo heb unrhyw anaf i aelodau'r teulu brenhinol ac roedd y rhai fu'n gyfrifol am yr ymgyrch fomio yn y ddalfa. Dychwelodd Jock Wilson i Lundain ac ar ei ben i Balas Buckingham lle derbyniodd yr OBE am ei wasanaeth. Ond erys un elfen o hyd o'r cyfnod hwnnw sy'n dal i adael blas drwg ar ei ôl.

Ar 27ain Hydref, 1967, yn dilyn y brotest yn erbyn y rhyfel yn Fietnam yn Sgwâr Grosvenor, Llundain, sefydlwyd uned arbennig o fewn Cangen Arbennig Heddlu'r Metropolitan, i weithio'n gudd o fewn mudiadau protest. Oherwydd eu gwisg a'u hymarweddiad – nad oedd yn nodweddu plismyn cyffredin – galwyd yr heddweision hyn yn *hairies*. Eu gwaith oedd ysbïo, ac ar adegau annog unigolion i weithredu'n anghyfreithlon. Heb os, roedd yr *hairies* yn rhan annatod hefyd o adnoddau *Operation Cricket*.

Cafwyd sawl honiad ar y pryd, ac wedi hynny, bod yr heddlu, yn y cyfnod hyd at yr Arwisgo, yn gwneud defnydd helaeth o ysbiwyr ac *agent provocateur* i achwyn ac i greu tystiolaeth yn erbyn cenedlaetholwyr ifanc. Gofynnwyd i'r naturiaethwr Twm Elias, a oedd yn gweithio yn Aberystwyth ar y pryd, i gadw gwn llaw ar ran un o'r bobl hyn. Gwrthododd y cynnig ond pe bai wedi derbyn yna mae'n bur debygol y buasai wedi cael ymweliad plygeiniol gan dditectifs i'w ddilyn gan gyfnod maith yng ngharchar.

Dyna'n union ddigwyddodd i Dewi Jones o Borthmadog. Roedd o'n gweithio i adran gynllunio Cyngor Sir Ynys Môn pan gafodd ei arestio ddeuddydd cyn yr Arwisgo a'i garcharu am gynllwynio i achosi ffrwydrad ger cofeb ar Bier Mackenzie yng Nghaergybi. Sail yr erlyniad oedd llun *circuit* ar gyfer bom a gafwyd ym mhoced y diffynnydd, ond yn ôl yr amddiffyniad roedd y llun wedi'i osod yno gan heddwas neu rywun yn gweithio i'r heddlu. Rhyddhawyd Dewi Jones yn ddiweddarach ar ôl i John Jenkins gyfaddef mai ef fu'n gyfrifol am fom Pier Mackenzie.

Aeth chwarter canrif heibio cyn cael cadarnhad i weithgareddau dirgel uned Jock Wilson. Datgelwyd yr wybodaeth gan un o gynrychiolwyr yr heddluoedd Cymreig yn yr Uned Arbennig. Ar raglen radio *Manylu* ar Radio Cymru yn 1994 cyfaddefodd y Ditectif Gwnstabl Elfyn Williams iddo gael ei anfon i Aberystwyth i roi arian yn nwylo *agent provocateur* yn gweithredu'n y dref honno. Ai hwn gynigiodd y gwn i Twm Elias? Ai hwn osododd y dystiolaeth ddamniol ym mhoced Dewi Jones?

Ar ôl ymddeol o'r heddlu, bu Elfyn Williams yn aelod o Awdurdod Heddlu'r Gogledd.

* * *

Mae gwreiddiau Cangen Arbennig yr Heddlu yn ymgyrch fomio Gwyddelod yn Llundain yn 1883. Y *Special Irish Branch* oedd yr enw gwreiddiol ond fe gollwyd y cysylltiad Gwyddelig yn yr enw'n ddiweddarach pan estynnwyd cyfrifoldeb y Gangen i warchod y Frenhines Victoria a'i theulu. Er mai plismyn yw'r aelodau, mae'r Gangen Arbennig yn cydweithio'n agos â'r Gwasanaethau Cudd (MI5) gan ddarparu gwybodaeth, cadw golwg ar rai o dan amheuaeth, arestio a chyhuddo yn ôl y galw, a chynrychioli'r Gwasanaethau Cudd drwy gynnig tystiolaeth mewn llysoedd barn.

Yn 1964 dechreuwyd penodi plismyn o heddluoedd y tu allan i Lundain i weithredu'n aelodau o'r Gangen Arbennig yn eu hardaloedd. Mae eu dyletswyddau'n cynnwys gwylio'r mynd a dod mewn porthladdoedd a meysydd awyr yn ogystal â gwarchod buddiannau'r wladwriaeth yn gyffredinol.

Pennod 13

TRICIAU BUDR

'Mae posibilrwydd amlwg mai Adran Triciau Budr y Llywodraeth sy'n gyfrifol am y llosgi . . . mae gennyf amheuon difrifol ynglŷn â'r holl ymgyrch gan ei bod yn cael ei defnyddio yn ein herbyn mewn pob math o ffyrdd.'

Dyna oedd sylw Dafydd Iwan, Is-lywydd Plaid Cymru, mewn cynhadledd newyddion a gynhaliwyd gan y Blaid mewn gwesty yn Llanrwst. I gadarnhau ei ddadl, cyfeiriodd Dafydd Iwan at y ffaith nad oedd yr un tŷ haf, roedd yr heddlu wedi'i glustnodi fel targedau posib, wedi dioddef ymosodiad.

Roedd Llywydd Plaid Cymru ar y pryd, Dafydd Elis-Thomas, hefyd ar yr un trywydd: 'Gwasanaethau Cudd Prydain mewn cydweithrediad â charfanau asgell dde Ewropeaidd sy'n gyfrifol am y llosgi'.

* * *

Fin nos oerllyd a gwlyb 20fed Ionawr, 1982, roedd Moses Edwards a'i wraig o Dal-y-sarn yn Nyffryn Nantlle yn cerdded heibio blwch ffôn wrth ymyl stad dai Bro Silyn gerllaw'r pentref pan welsant ddau ddyn yn ymddwyn yn amheus. Roedd y dynion yn amlwg yn ceisio gosod offer o fath yn y blwch ffôn a bu Mr Edwards yn ddigon hirben i gofnodi rhif cofrestru eu cerbyd. Ond y mae beth a ddigwyddodd wedyn fel pennod yn un o nofelau John Le Carre.

Gyda chymorth yr aelod seneddol lleol, Dafydd Wigley, fe geisiwyd olrhain perchennog y car – ond yn ofer. Yr unig wybodaeth a ddaeth i law oedd bod enw perchennog y car yn gyfrinach – a hynny drwy orchymyn y Swyddfa Gartref.

Fe ddaeth hi'n amlwg bod y ddau ddyn a gafodd eu dal gan Mr a Mrs Edwards yn gosod offer clustfeinio yn y blwch ffôn, yn ddau blismon – ffaith a gafodd ei chadarnhau bythefnos yn ddiweddarach gan Brif Gwnstabl Dros Dro Heddlu'r Gogledd, John St David Jones: 'Defnyddir offer clustfeinio gan blismyn yn ymchwilio i droseddau difrifol, ond dim ond gyda chaniatâd uchel swyddogion'. Ni wnaeth John St David Jones ymhelaethu.

Fe gafwyd y caniatâd hwnnw eilwaith yn Nyffryn Nantlle ar gyfer bore Llun, 21ain Awst, 1989, pan welodd trigolion Trem yr Wyddfa ym Mhen-y-groes ddau ddyn yn tindroi gerllaw fan Bedford Wil Murphy, plastrwr 22 oed, oedd yn byw ar y stad.

Aeth y plastrwr i ymchwilio ac wedi'i lynu gyda magned o dan y fan roedd teclyn tua chwe modfedd o hyd mewn gorchudd lledr gydag erial yn codi ohono. Heb os, roedd y teclyn wedi'i osod at ddibenion clustfeinio neu i drosglwyddo gwybodaeth o leoliad y fan ar adegau penodol. Daeth cadarnhad ynglŷn â phwy osododd y ddyfais yn syth y tro hwn gan Brif Gwnstabl Cynorthwyol Heddlu'r Gogledd, John Tecwyn Owen: 'Ni osododd y ddyfais fel rhan o ymholiadau Heddlu'r Gogledd i weithgareddau Meibion Glyndŵr'.

Bu Wil Murphy yn gorymdeithio fel aelod o Barti Lliw Meibion Glyndŵr, ond fel y dywedodd un arall o'r Parti Lliw, David Gareth Davies, yn ddiweddarach pan ymddangosodd gerbron Llys y Goron, Caernarfon wedi'i gyhuddo o fod yn un o Feibion Glyndŵr: 'Pe bawn i'n llosgi tai haf, i be ddiawl fuaswn i'n tynnu sylw ataf fy hun drwy fod yn un o'r Parti Lliw?'.

Yn ôl Prif Gwnstabl Heddlu'r Gogledd, David Owen, roedd gosod y ddyfais o dan fan Wil Murphy yn dderbyniol ac yn unol â chanllawiau'r Swyddfa Gartref, ac er i Wil Murphy ddatgan ei gefnogaeth ar sawl achlysur i'r ymgyrch losgi, gwadodd unrhyw gyfrifoldeb am y llosgi ei hun.

Nid oedd ein cynrychiolwyr etholedig hyd yn oed yn ddiogel o grafangau ysgogwyr y triciau budr. Yn ôl Nicholas Hodges, un o'r diffynyddion yn achos cynllwynio Caerdydd, roedd yr heddlu wedi ceisio'i ddarbwyllo y buasai'n llesol iddo arwyddo datganiad yn difrïo Dafydd Elis-Thomas, Aelod Seneddol Meirionnydd Nant Conwy.

Clywais hefyd am ddau heddwas yn cadw gwyliadwriaeth y tu mewn i dŷ haf yn Llŷn. Roedd dyfais wedi'i gadael yno ond nid oedd wedi cynnau tân a gobaith yr awdurdodau oedd y buasai'r llosgwyr yn dychwelyd i gwblhau eu gorchwyl. Yn nhrymder nos daeth beic modur heibio gan aros wrth y tŷ am ychydig funudau. Yn hytrach na herio'r beiciwr gwnaeth y plismyn nodyn o'r rhif cofrestru. Fore trannoeth, ceisiodd y ddau olrhain perchennog y beic modur yng nghyfrifiadur yr heddlu a bu'r ymateb yn fater o gryn syndod. Roedd y rhif wedi'i glustnodi ar gyfer dibenion y Weinyddiaeth Amddiffyn a chafwyd eglurhad yn ddiweddarach bod y Fyddin ar ymarferiad yn Llŷn y noson honno.

Ym mis Medi 1989 fe ddaeth yr awgrym cyntaf bod y Gwasanaethau Cudd yn cadw golwg ar weithgareddau Meibion Glyndŵr.

* * *

Bwrgleriaid sgilgar. Dyna oedd disgrifiad Rock Tansey QC o aelodau'r Gwasanaethau Cudd wrth iddo groesholi un ohonynt yn Llys y Goron, Caernarfon ym mis Ionawr 1993.

Roedd hyn yn adlais o'r hyn ddywedodd y cyn aelod o'r MI5, Peter Wright, yn ei hunangofiant, *Spycatcher:* 'Roeddem yn clustfeinio ac yn bwrglera ein ffordd ar draws Llundain ar orchymyn y Wladwriaeth, tra oedd gweision sifil hunanbwysig, yn ei hetiau caled, yn cymryd arnynt edrych y ffordd arall'.

Sefydlwyd y Gwasanaethau Cudd yn 1909 ac ers diwedd yr Ail Ryfel Byd, prif ddyletswydd y Gwasanaethau Cudd fu atal grym Comiwnyddiaeth a rheoli gweithgareddau Gwasanaethau Cudd yr Undeb Sofietaidd (KGB) ar dir y Deyrnas Gyfunol. Roedd hyn yn cynnwys sicrhau nad oedd unigolion ag agweddau gwleidyddol fuasai'n cael eu hystyried mewn rhyw fodd yn fygythiad i ddiogelwch y Deyrnas Gyfunol, yn cael eu penodi i swyddi allweddol. Roedd rhaid i ymgeiswyr am swyddi gyda'r BBC, hyd yn oed, gael sêl bendith y mandariniaid hyn.

Ond nid y rhai oedd yn gweithio'n uniongyrchol i'r wladwriaeth fu o dan y chwyddwydr. Targedwyd myfyrwyr, heddychwyr, undebwyr, gwleidyddion, a glowyr. Unrhyw un yn wir oedd yn cael ei amau o 'fygwth diogelwch a budd y wladwriaeth' neu unrhyw un 'sydd â bwriad o danseilio democratiaeth drwy ddulliau gwleidyddol, diwydiannol neu dreisgar'.

Ni arbedwyd unrhyw un. Yn ystod y cyfnod yn arwain at Etholiad Cyffredinol a gynhaliwyd ym mis Chwefror 1974, cafodd arweinydd y Blaid Lafur, Harold Wilson, ei amau. Cafwyd honiadau o glustfeinio ar ei sgyrsiau preifat a chedwir yr wybodaeth o dan glo o hyd yn Thames House – pencadlys y Gwasanaethau Cudd ger San Steffan. Cedwir y ffeil yn enw Henry Worthington – cyfrin enw'r Gwasanaethau Cudd am y gwleidydd amlwg.

Gyda dyfodiad *Perestroika* (ailstrwythuro) a *Glasnost* (cymdeithas agored) yn yr Undeb Sofietaidd, a chwalu'r llen haearn, lleihaodd bygythiad Comiwnyddiaeth. O ganlyniad ehangodd maes llafur MI5 i gynnwys gweithredu yn erbyn yr IRA, mewnfudwyr anghyfreithlon, ymgyrchwyr hawliau anifeiliaid, troseddwyr cyffredin a hyd yn oed twyllwyr budd-daliadau cymdeithasol.

Mae cenedlaetholwyr Cymru, a'r Alban hefyd, ar y

rhestr, ac roedd Prif Gwnstabl Dyfnaint a Chernyw, John Alderson, yn amau doethineb y penderfyniad i ehangu cyfrifoldeb y Gwasanaethau Cudd yn y modd yma: 'Dyma blannu hadau corff megis y Stasi (cyn-wasanaeth cudd Dwyrain yr Almaen)'.

Erbyn hyn mae gan MI5 staff o bron i ddwy fil a chyllideb o £200m y flwyddyn. Mae'r gwasanaeth wedi'i rannu'n ganghennau. Mae Cangen A yn ymwneud â dilyn a gwylio unigolion a sicrhau mynediad i eiddo er mwyn gosod offer clustfeinio; mae Cangen B yn delio â materion personél; Cangen C yn fetio gweision sifil a Changen K yn cadw golwg ar ysbiwyr o wledydd eraill. Yn ôl y Gwasanaethau Cudd eu hunain y mae 39% o'i adnoddau'n cael eu clustnodi i ateb unrhyw fygythiad oddi wrth gyrff terfysgol wedi'u lleoli oddi mewn i'r Deyrnas Gyfunol.

Pennod 14

HAWLIAU SIFIL

Rhwng 4.00 o'r gloch a 6.00 o'r gloch ar fore Sul y Blodau, 30ain Mawrth, 1980, deffrowyd dros 50 o deuluoedd Cymru o'u trwmgwsg wrth i 300 o blismyn gyrchu am y rhai fu'n llosgi tai haf. Dyma'r hyn a alwodd y Wasg yn *Operation Tân*.

'Yr un bobl sy'n gyfrifol am yr ymosodiadau yma i gyd.'

Dyna oedd barn Pennaeth CID Heddlu'r De, y Ditectif Brif Uwch Arolygydd Viv Brooke, ac yn ôl Pennaeth CID Heddlu Dyfed Powys, y Ditectif Brif Uwch Arolygydd Pat Malloy, bu'n gyrch hynod lwyddiannus. Targedwyd 52 o genedlaetholwyr Cymreig y bore Sul hwnnw ac aed â 25 o unigolion i'r ddalfa – 12 ohonynt i Swyddfa'r Heddlu yn Nolgellau.

Cadwyd 19 yn y ddalfa am hyd at 38 o oriau a bu un yn y ddalfa am 81 o oriau i gyd. Cafodd pob un ei holi am eu barn wleidyddol ac am eu cysylltiadau gwleidyddol. Cafodd rhai eu bygwth, rhai eu dychryn, a rhai eu rhoi o dan bwysau seicolegol. Ond tra oedd yr heddlu yn crwydro'r wlad yn arestio rhai oedd yn cael eu hamau o fod â gwybodaeth am y llosgwyr, roedd y llosgwyr eu hunain wrthi'n cynnau tân mewn dau dŷ haf arall ar fynydd-dir anial rhwng Tal-y-bont a Phonterwyd yng Ngheredigion.

Er i Fwrdd Cwynion yr Heddlu a'r Cyfarwyddwr Erlyniadau Cyhoeddus wrthod cwynion gan aelodau'r cyhoedd ynglŷn ag ymddygiad swyddogion Heddlu Dyfed Powys fu â rhan yn *Operation Tân* fe gytunodd yr heddlu, dair blynedd yn ddiweddarch i dalu iawndal. Derbyniodd Enid Gruffudd o Dal-y-bont y swm o £1,000 gyda Huw Lawrence o Aberystwyth yn derbyn £600 am gael eu cadw yn y ddalfa am 24 awr yn dilyn cyrch Sul y Blodau.

Bu *Operation Tân* yn bwnc ymchwiliad gan Ymgyrch Cymru dros Hawliau Sifil a Gwleidyddol. Cyhoeddwyd casgliadau'r ymchwil o dan y teitl *Operation Tân*.

Yn blygeiniol ar fore Lun, 4ydd Ionawr, 1983, ymwelodd ditectifs yn ymchwilio i'r ymgyrch losgi â nifer o dai cenedlaetholwyr enwog yn Llŷn. Yn eu meddiant roedd gwarant yn rhoi'r hawl iddynt archwilio pob cwpwrdd, pob drôr a phob poced ond nid arestiwyd unrhyw un. Buan y sylweddolwyd hefyd bod gweithgareddau'r heddlu y bore hwnnw'n llawer iawn ehangach nag ymweliad â thai'r fro. Daeth adroddiadau frith o'r heddlu'n atal modurwyr rhag teithio ar hyd ffyrdd Llŷn ac Ynys Môn nes iddynt egluro diben eu taith. Roedd rhan helaeth o'r Gymru Gymraeg fel petai o dan warchae.

Dridiau'n ddiweddarach cyhoeddodd y Cyngor Hawliau Sifil ei fod yn paratoi cwyn swyddogol ar ôl i'r heddlu arestio newyddiadurwr ifanc gyda phapur newydd *Y Cymro* fel yr oedd yn cychwyn i'w waith yng Nghroesoswallt. Cafodd Arwel Evans ei ddwyn i'r ddalfa a'i holi am chwe awr ynglŷn â'r ymgyrch losgi. Archwiliwyd ei gartref yn Ninbych yn ogystal â'i lety yn y Bala cyn ei ryddhau.

Ym mis Mehefin 1991, condemniwyd record hawliau sifil y Deyrnas Gyfunol gan fudiad *Amnesty*. Cyfeiriodd yr adroddiad at 300 o achosion gan gynnwys carcharu Chwech Birmingham a Phedwar Guildford: 'Mae'r dulliau cyfrinachol a fabwysiedir gan yr heddlu wedi arwain at gwynion oddi wrth nifer o ddiffynyddion nad yw'r awdurdodau'n datgelu gwybodaeth sy'n berthnasol i'w hachos ac yn fwriadol yn peidio â datgelu ffeithiau'.

* * *

Toc wedi 2.00 o'r gloch brynhawn Mercher, 14eg Chwefror, 1990, roeddwn i ym Mhlas Tan-y-bwlch, Maentwrog ar ran newyddion Radio Cymru yn gwrando ar ddadl yn un o gyfarfodydd Pwyllgor Parc Cenedlaethol Eryri. Ni chofiaf yn iawn pa bwnc oedd gerbron yr aelodau oherwydd aeth hynny i gyd yn angof yn sgil datblygiadau'r oriau a'r dyddiau a ddilynodd. Daeth neges o Adran Newyddion y BBC ym Mangor, ac roedd y neges honno yn fyr ac i bwrpas: 'Mae'r plismyn yn nhŷ Bryn Fôn'.

Ni wn faint yw'r amser rhesymol a gymerir i deithio'r pymtheng milltir mewn car rhwng Maentwrog a Nasareth ger Pen-y-groes ond mi daerwn i mi lwyddo cwblhau'r daith mewn hanner yr amser y prynhawn hwnnw, ac yn wir i chi roedd y tu mewn a'r tu allan i Dy'n Mynydd yn berwi o dditectifs.

Roedd yr heddlu, meddan nhw, wedi derbyn llythyr dienw (newidiwyd hyn i alwad ffôn yn ddiweddarach) i ddweud bod dyfais cynnau tân mewn wal gerrig ar dir y tyddyn deng erw. Ymatebodd yr heddlu, a chan sicrhau'r warant briodol, aeth chwech o dditectifs i Ty'n Mynydd. Arweinydd y cyrch oedd y Ditectif Arolygydd Roy Gregson.

Fel mae'n digwydd, roedd gan Bryn Fôn drefniant blaenorol y prynhawn hwnnw a derbyniodd alwad ffôn i holi a oedd am gadw at ei apwyntiad ai peidio. Cafodd ganiatâd i ateb yr alwad ac roedd yr ateb hwnnw yn gwneud y tro'n iawn: 'Fedra'i ddim – mae yna blismyn yma'.

Cysylltodd y sawl a ffoniodd â'r cyfryngau.

Criw newyddion HTV oedd y cyntaf i gyrraedd Ty'n Mynydd ac roedd gweld car Volvo'r cwmni yn ymlwybro i fyny'r ffordd gul i'r tŷ yn gryn ddirgelwch i'r Ditectif Gwnstabl Alun Dulyn Owen: 'Sut ffwc mae'r rhain yn gwybod ein bod ni yma?'

Ond cyn i'r criw camera ddadlwytho eu hoffer hyd yn oed roedd bag plastig wedi'i ddarganfod mewn wal gerrig o fewn troedfeddi'n unig i'r tŷ. Yn y bag roedd yna fatri, cloc a gwifrau – sef deunydd posib ar gyfer cynhyrchu dyfais cynnau tân. Er syndod mawr i Bryn Fôn daeth y plismon â'r bag plastig a'i gynnwys i mewn i'r tŷ!

Roedd y darganfyddiad yn amlwg wedi bodloni'r plismyn – dyma dystiolaeth ddiamheuol bod yr actor a chanwr caneuon fel *Meibion y Fflam*, cân yn dilorni ymgais yr heddlu i ddal y llosgwyr, yn un o'r llosgwyr ei hun. Ni allodd y Ditectif Arolygydd Roy Gregson faddau rhag edliw rhan amlwg Bryn Fôn yn y gyfres deledu boblogaidd *C'mon Midffîld*: 'Bydd Bryncoch angen *goalie* newydd rŵan'.

O fewn hanner awr roedd Bryn Fôn yn eistedd yn sedd gefn car CID Heddlu'r Gogledd ac ar ei ffordd i Swyddfa'r Heddlu yn Nolgellau – ei gartref am yr hanner can awr nesaf.

Ymhen ychydig oriau roedd partner Bryn Fôn, Anna Wynne-Williams hefyd yn y ddalfa yn Nolgellau ac yn cael ei holi am ddarganfyddiad yr heddlu yn Nhy'n Mynydd. Roedd plant y ddau, Cadi (5 oed) a Siôn (2 oed), yn amddifad – am y tro beth bynnag.

Toc wedi 8.00 o'r gloch fore trannoeth roeddwn yn Adran Newyddion y BBC ym Mangor pan ganodd y ffôn. Ar y pen arall roedd cydweithwraig a ddywedodd bod plismyn mewn tŷ yn Llangernyw ger Abergele – cartref Mei Jones, cyd actor i Bryn Fôn ar *C'mon Midffîld*. Ffoniais y tŷ ac atebwyd yr alwad gan Gwenda Jones a gadarnhaodd bod chwech o dditectifs yn chwilio pob twll a chornel o'r tŷ. Gwnaeth gyfweliad ffôn y funud honno yn disgrifio beth oedd yn digwydd yn ei chartref a llai na phum munud yn ddiweddarach fe ddarlledwyd y sgwrs ar raglen newyddion foreol Radio Cymru, *Heddiw*. Erbyn hynny roedd Mei Jones yntau wedi'i wadd i gynorthwyo'r heddlu gyda'u hymoliadau i ymgyrch losgi Meibion Glyndŵr. Aed â batri, strap oriawr a llyfr rhifau ffôn personol y teulu hefyd i'r ddalfa, ond ni ellir ond dychmygu syndod Mei Jones pan ddaeth wyneb yn wyneb, yn Swyddfa'r Heddlu yn Hen

Golwyn, â phlismon o'r enw Picton. Nid Arthur Picton y tro hwn ond y Rhingyll Merfyn Picton!

Tra oedd hyn i gyd yn digwydd yng Nghymru roedd actor arall yn cael ei arestio yn Llundain. Am 6.00 o'r gloch y bore hwnnw, cododd Dyfed Thomas i ateb curiad ar ddrws ei gartref yn Tooting. Yno roedd chwe ditectif – pedwar o Heddlu Dyfed Powys a dau o Gangen Arbennig Heddlu Metropolitan yn Scotland Yard. Ym meddiant arweinydd y cyrch, y Ditectif Ringyll D.I. Griffiths o Gaerfyrddin, roedd warant i arestio Dyfed Thomas o dan amheuaeth o fod â deunydd ffrwydrol neu ddyfeisiadau cynnau tân yn ei feddiant.

Bu'r pedwar plismon yn archwilio'r tŷ yn ddyfal tan 11.00 o'r gloch y bore cyn cludo'r actor i Orsaf yr Heddlu yn Tooting. Ymysg y manion a gymerwyd o'r tŷ, y credai'r heddlu eu bod o gymorth iddynt yn eu hymoliadau, yr oedd paced o ganhwyllau teisen pen-blwydd.

Treuliodd Dyfed Thomas y chwe awr ganlynol mewn cell: 'Ar y dechrau ro'n i'n meddwl mai camgymeriad mawr oedd y cwbl ac yn ystyried fy sefylla'n un reit ddigri ac y buaswn yn cael fy rhyddhau unrhyw funud. Ond pan ddaeth y plismyn â chinio i mi i'w fwyta yn fy nghell fe aeth pethau'n reit ddu. Roedd fy nhynged yn amlwg yn nwylo'r awdurdodau.'

Am 5.00 o'r gloch y prynhawn cafodd ei hebrwng o'r gell i ystafell gyfweld lle cafodd ei holi am ddwyawr yn bennaf ynglŷn â'i symudiadau yn ôl ac ymlaen rhwng Llundain a Chymru. Nid oedd ganddo gyfreithiwr.

Erbyn 7.00 o'r gloch fin nos, fodd bynnag, roedd yr heddlu wedi sylweddoli eu camgymeriad ac roedd Dyfed Thomas a Mei Jones hefyd â'u traed yn rhydd. Chwedl Mei Jones ar y pryd: 'Bu digwyddiadau'r dydd yn ddryswch ac yn ddychryn'.

Erbyn diwedd y diwrnod hwnnw roedd Anna Wynne-Williams hefyd wedi'i rhyddhau o Swyddfa'r Heddlu yn

Nolgellau. Bu yn y ddalfa am 24 awr, ond roedd yr heddlu'n awyddus i holi Bryn Fôn ymhellach. Yn hwyr ar y nos Iau felly bu gwrandawiad arbennig yn Llys Ynadon Dolgellau a chaniataodd ynadon y dref gais gan yr Uwch Arolygydd Selwyn Goldsworthy i gadw'r actor yn y ddalfa am 12 awr yn ychwanegol. Aelodau o'r uned arbennig o Heddlu'r Gogledd a sefydlwyd i ddal Meibion Glyndŵr oedd yn gwneud yr holi. Roedd y cwestiynau'n bennaf yn ymwneud â symudiadau'r actor â'r canwr, ac ar un adeg bu'n rhaid gohirio'r holi tra aeth plismon i Dy'n Mynydd i gludo dyddiaduron y teulu i Ddolgellau. Roedd atebion Bryn Fôn i'r cwestiynau a roddwyd iddo yn cael eu bwydo i ystafell neilltuol a ddarparwyd yn arbennig yn Swyddfa Heddlu Dolgellau yr wythnos honno at ddibenion y Swyddfa Gartref – i ddibenion y Gwasanaethau Cudd. Cyfreithiwr Bryn Fôn oedd Elfyn Llwyd.

Drwy gydol yr amser cefais y fraint o gyfrannu tuag at bob bwletin newyddion ar Radio Cymru a *Radio Wales*. Sefydlwyd offer darlledu allanol i'r diben hwn yn swyddfa Cyngor Dosbarth Meirionnydd ym Mhenarlâg, Dolgellau – tua chanllath o Swyddfa Heddlu'r dref. Mewn pymtheng mlynedd o ddarlledu llawn amser, ni chredaf i mi erioed gael cymaint o wrandawyr. Roedd hi'n stori oedd yn datblygu wrth yr awr – roedd pawb ar bigau'r drain.

Yn raddol, roedd y dorf fechan a oedd wedi hel y tu allan i Swyddfa'r Heddlu yn Nolgellau wedi tyfu'n nifer sylweddol. Canai modurwyr gyrn eu cerbydau wrth fynd heibio i ddatgan eu cefnogaeth – roedd yna ymdeimlad cynyddol bod yr heddlu wedi gwneud camgymeriad yn arestio Bryn Fôn. Yn ei gell, pendiliodd hwyliau'r carcharor – un munud yn gweld ei sefyllfa'n un hynod swreal, a'r funud nesa'n dioddef digalondid pwll anobaith.

Fe gymerodd hi tan 8.45 o'r gloch ar y nos Wener i'r heddlu gydnabod yr anorfod a daeth Bryn Fôn allan o Swyddfa'r Heddlu yn Nolgellau i fonllef o gymeradwyaeth y dorf o ragor na chant oedd yn disgwyl amdano. Roedd Anna Wynne-Williams yn eu mysg a throdd y ddau yn ôl am Dy'n Mynydd. Roedd sylwadau Bryn Fôn y noson honno'n briodol: 'Rwyf wedi blino – bu'r cwbl yn hunllef'.

Yn syth daeth galwadau am ymchwiliad i'r amgylchiadau a arweiniodd at arestio Bryn Fôn, ac ymatebodd Awdurdod Cwynion yr Heddlu drwy benodi Pennaeth CID Heddlu Swydd Gaerhirfryn, Norman Finnerty. Ei faes llafur oedd canfod a oedd Heddlu'r Gogledd wedi ymddwyn mewn modd priodol a rhesymol yn yr achos hwn, ac ar ddiwedd mis Mai'r flwyddyn ganlynol, cafwyd canlyniadau'r ymchwiliad: 'Ni fydd unrhyw heddwas yn wynebu cyhuddiadau troseddol am eu rhan yn arestio Bryn Fôn, Mei Jones a Dyfed Thomas'. Ni fu'r canlyniad yn syndod i Bryn Fôn: 'Adroddiad gan blismon am blismyn yw hwn'.

Ond nid dyna fu ei diwedd hi. Ym mis Hydref 1991 cyhoeddodd Heddlu'r Gogledd bod achos disgyblu wedi'i ddwyn yn erbyn dau blismon fu'n gyfrifol am y cyrchoedd a arweiniodd at yr arestio. Cynhaliwyd yr ymchwiliad o dan gadeiryddiaeth y Prif Gwnstabl, David Owen. Y ddau aelod arall o'r panel ymchwilio oedd Capten Noel Taylor – cyn gapten llong, a Mark Chapman – cyn lysgennad Prydain yng Ngwlad yr Iâ. Roedd y ddau'n aelodau o Awdurdod Cwynion yr Heddlu. Ond o fewn deufis cyhoeddwyd nad oedd sail i feirniadu'r ddau blismon.

Roedd enw actores amlwg hefyd ar y warant a ddefnyddiwyd i arestio Bryn Fôn ond ni weithredodd yr heddlu ar y warant honno. Ond roedd hon yn bennod hynod anffodus i'r ymchwiliad i'r ymgyrch losgi. Onid oedd arestio 'Wali Tomos' wedi bod yn gam gwag ynddo'i hun?

Bu'r jôcs am yr arestio'n lluosog. Carcharwyd Chwech Birmingam a Phedwar Guildford ar gam ond bellach roedd yna Ddau Bryncoch hefyd, a bu hynny'n sail i'r sgôr pêl-droed dychmygol hwnnw: *Guildford Four: Bryncoch Two.*

Ond y gorau gen i oedd yr un am Jean o *C'mon Midffîld*. Yn y cyfresi radio a phan ymddangosodd yn y gyfres gyntaf ar y teledu nid oedd llinellau gan y cymeriad i'w dweud. Felly – yn ôl y stori ar lafar gwlad – os buasai Jean hefyd yn cael ei dwyn i'r ddalfa, doedd dim perygl iddi ddweud dim byd!

Ar nodyn mwy difrifol, mae cwestiynau eto i'w hateb ynglŷn ag amgylchiadau'r arestio. Er enghraifft, ni chafwyd unrhyw eglurhad am y ddyfais a ddarganfu'r heddlu yn wal Ty'n Mynydd na phwy hysbysodd yr awdurdodau o fodolaeth y ddyfais honno. Mae'n anodd credu i'r alwad ffôn honno fod yn ddi-enw o gofio bod gwobr o £50,000 ar gael am wybodaeth fuasai'n arwain at ddal un o Feibion Glyndŵr.

I'r newyddiadurwyr yn Nhy'n Mynydd y diwrnod hwnnw, doedd pethau ddim yn taro deuddeg rhywsut. Fel y dywedodd un wrthyf yn ddiweddarach: 'Roedd hi'n sefyllfa ryfedd. Pan mae'r heddlu yn archwilio fel yna fel arfer, ni chawn fynd yn agos atynt rhag dinistrio tystiolaeth bwysig – ond ni fu unrhyw gyfyngu ar symudiadau'r wasg yn Nhy'n Mynydd y diwrnod hwnnw.'

Pennod 15

ARESTIO SIÔN, STWMP . . . A PRYSOR

Achosodd penderfyniad Cyngor Môn i wadd y Frenhines i agor Oriel Môn yn Llangefni gryn gynnwrf ar yr ynys. Codwyd yr oriel yn bennaf i gartrefu lluniau adar Charles Frederick Tunnicliffe, yr artist fu'n byw ym Môn am dros 30 mlynedd.

Daeth yr arian ar gyfer y gwaith yn bennaf oddi wrth gwmni Shell. Cyfrannodd y cwmni olew arian i goffrau'r cyngor am roi'r caniatâd i sefydlu glanfa newydd yn y môr ger Amlwch i ddadlwytho olew crai o longau ynghyd â darparu tanciau storio olew crai yn Rhos-goch a gosod pibell o dan ddaear oddi yno i burfa'r cwmni yn Stanlow yn swydd Gaer.

Roedd rhai am fynd mor bell â galw'r Oriel yn Oriel Frenhinol Môn ond gwrthodwyd hynny gan gynghorwyr yr ynys. Fel y dywedodd y Cynghorydd Ronnie Madoc Jones: 'Nid yw cael sêl bendith brenhinol ar ochr potel sôs yn gwneud i'r sôs hwnnw flasu'n well'.

Ymddangosodd sloganau hefyd ar hyd ffordd yr A5 dros Ynys Môn a hyd yn oed ar Bont y Borth ei hun yn gwrthwynebu'r ymweliad brenhinol. Fel yr oedd y cyngor yn eu glanhau roedd sloganau newydd yn ymddangos yn eu lle. Y slogan mwyaf poblogaidd oedd: 'Twll din y cwin'.

Ni arestiwyd unrhyw un am beintio sloganau ond roedd mesurau diogelwch llym mewn grym cyn ac yn ystod yr ymweliad ei hun ar 25ain Hydref, 1991. Fel y mae'n arferol ar achlysuron o'r fath, cefnogwyd yr heddlu'n lleol gan heddweision Cangen Arbennig Heddlu'r Metropolitan sy'n gyfrifol am warchod aelodau'r teulu brenhinol a chan y Gwasanaethau Cudd.

* * *

Roedd yr heddlu'n adnabod Siôn Aubrey Roberts, yn wreiddiol o bentref Gwalchmai yn Ynys Môn, fel cenedlaetholwr o Gymro – bu'n aelod o Barti Lliw Meibion Glyndŵr. Ar 5ed Hydref, 1991, cafodd ei gadw'n y ddalfa ym mhorthladd Caergybi wrth ddychwelyd o Iwerddon a'i holi ynglŷn â phwrpas ei ymweliad â'r Ynys Werdd. Fe'i rhyddhawyd yn ddi-gyhuddiad.

Yna 5.00 o'r gloch brynhawn Iau, 5ed Rhagfyr, 1991, ddeufis union yn ddiweddarach, gadawodd Siôn Aubrey Roberts ei waith mewn ffatri trin cywion ieir ar Stad Ddiwydiannol Cefni yn Llangefni a mynd adref i'w gartref ar lawr uchaf Plas Tudur, bloc o fflatiau ar stad dai cyngor Pencraig yn y dref.

Fel roedd yn arferol ganddo ar ddiwedd pob diwrnod gwaith, gorweddodd ar y soffa am fymryn o gwsg cyn paratoi swper iddo'i hun. Ond bu tarfu ar y drefn arferol y noson honno. Oherwydd wrth iddo lithro i'w freuddwydion, chwalwyd drws y fflat yn yfflon wrth i saith o dditectifs arfog, o dan arweiniad y Ditectif Arolygydd Roy Gregson dorri i mewn i'w fflat a dechrau chwilio a chwalu drwy bopeth oedd yno. Mewn cwpwrdd yn un o'r llofftydd, cafwyd hyd i ddyfeisiadau cynnau tân, ffedog, cap plastig a menig rwber. Yno hefyd roedd llyfr ar dactegau'r IRA, crys-T Meibion Glyndŵr a rhestr o dargedau posib. Roedd hi'n 7.10 o'r gloch.

Toc wedi 8.00 o'r gloch, saith milltir i ffwrdd ym mhentref Gwalchmai, roedd plant ieuengaf Wern yn hwylio am eu gwelyau pan chwalwyd gwydr drws ffrynt y tŷ gan rym yr heddlu. Er syndod i'r plismyn, doedd gŵr y tŷ, David Gareth Davies, ddim adref a llechodd ei wraig, Alena, a'r plant Stephen (14 oed), David (13 oed), Séan (6 oed) a'r ferch fach, Anna (4 oed), gyda'i gilydd yn un ystafell gan wylio, mewn anghrediniaeth, bump o dditectifs, o dan arweiniad y Ditectif Ringyll Barry Edwards, yn archwilio eu cartref, gan gynnwys llofftydd y plant.

111

Yn y garej, meddai'r heddlu, roedd yna ddeunydd crai ar gyfer cynhyrchu dyfeisiadau cynnau tân ac roedd y llythrennau FWA (*Free Wales Army*) ac IRA (*Irish Republican Army*) wedi'u peintio ar y mur. Pan gyrhaeddodd y gŵr a'r tad 34 mlwydd adref fe'i harestiwyd o dan amheuaeth o anfon dyfeisiadau ffrwydrol drwy'r post. Aed ag yntau hefyd i'r ddalfa ym Mangor gan gwyno nad oedd yr heddlu wedi darparu heddferch i warchod ei wraig a'i blant a bod y warant a gyhoeddwyd i archwilio'r tŷ yn uniaith Saesneg.

Awr yn ddiweddarach canodd y ffôn yn fy nghartref. Sioned Huws o Borthaethwy oedd yna ond doedd hi ddim y Sioned hwyliog arferol. Roedd yna bryder a chryndod yn ei llais: 'Mae Siôn a Stwmp wedi'u harestio,' meddai.

Doedd y naill na'r llall ychwaith ddim wedi gwneud unrhyw gyfrinach o'u cefnogaeth i ymgyrch losgi Meibion Glyndŵr. Bu'r ddau'n aelodau o'r hyn a elwid yn Barti Lliw Meibion Glyndŵr fu'n gorymdeithio yn Abergele ym mis Gorffennaf y flwyddyn honno a'r flwyddyn gynt yn y seremoni flynyddol i goffáu Alwyn Jones a George Taylor.

Roedd David Gareth Davies yn arbennig o gofiadwy gan fod ei gorff eiddil yn amlwg yn amhriodol ar gyfer y dillad a oedd amdano.

Doedd dim rhaid bod yn ddewin felly i ddyfalu bod y ddau yn y ddalfa yn cael eu holi gan dditectifs yn ymchwilio i'r ymgyrch losgi. Ond doedd yr heddlu'n dweud dim. Mae'r berthynas rhwng aelodau'r wasg a'r heddlu at ei gilydd yn dda. Mae'r naill yn goddef y llall gan fod yna gyd-ddibyniaeth o ran gwybodaeth ac fel rheol y mae'r heddlu'n fwy na bodlon cadarnhau ffeithiau – ond nid y noson honno. Doedd dim i'w gael – roedd hi'n rhaid aros am gadarnhad.

Bethan Williams oedd cynhyrchydd newyddion Radio Cymru ar gyfer bore trannoeth a dyma gytuno y buaswn yn paratoi adroddiad yn nodi arestio'r ddau ym Môn, ac yn dyfalu yn yr adroddiad y credid eu bod yn cael eu holi ynglŷn â'r ymgyrch losgi. Roedd y ffeithiau hynny'n gwbl gywir a galwodd Heddlu'r Gogledd gynhadledd newyddion yn adeilad Llys Ynadon Bangor (drws nesaf i Swyddfa Heddlu'r ddinas) am 11.00 o'r gloch fore trannoeth. Yno i wynebu'r wasg a'r camerâu roedd Pennaeth CID Heddlu'r Gogledd, y Ditectif Brif Uwch Arolygydd Gwyn Williams, ei ddirprwy, y Ditectif Uwch Arolygydd Gareth Jones, ac un fu'n flaenllaw yn y chwilio am Feibion Glyndŵr, y Ditectif Arolygydd Maldwyn Roberts, perthynas i David Gareth Davies, un o'r ddau yn y ddalfa.

Er bod pob gohebydd yno'n deall a siarad Cymraeg, yr iaith Saesneg a ddewisodd Gwyn Williams i gadarnhau'n swyddogol yr hyn oedd yn wybyddus i bawb yno eisoes, ond gyda'r ychwanegiad bod y ddau wedi'u cyhuddo o anfon dyfeisiadau ffrwydrol drwy'r post ac y byddai'r ddau'n ymddangos yn y llys yng Nghaergybi fore trannoeth.

* * *

Roedd yna wynt main yn chwipio o Fôr Iwerddon dros Ynys Cybi y bore Sadwrn hwnnw. Rhynnai'r gohebwyr wrth y fynedfa i faes parcio Swyddfa'r Heddlu yng Nghaergybi. Ond ni fu'n rhaid aros yn hir. Trodd ceir Vauxhall gwyn ac oren yr Heddlu i fyny'r ffordd o gyfeiriad yr A5. Ymatebodd y gwŷr camera fel un. Roedd rhywbeth yn eu hanian yn dweud mai'r ceir hyn a gludai Siôn Aubrey Roberts a David Gareth Davies. Ni chawsant eu siomi.

Yn y llys cadarnhaodd y ddau yn y doc eu henwau a'u cyfeiriadau. Fe'u cynrychiolwyd yn y llys gan ddau gyfreithiwr lleol, Ieuan Redvers Jones ar ran Siôn Aubrey Roberts ac Eilian Williams ar ran David Gareth Davies. Ni wnaed cais ar ran y ddau am fechnïaeth ac fe'u cadwyd yn y ddalfa.

* * *

Bum wythnos yn ddiweddarach roedd gwynt oer yn dal i frathu i'r byw, y tro yma yr ochr arall i Fôr Iwerddon a'r dorf yn ymlwybro o faes rygbi Ffordd Lansdowne yn Nulyn. Boddi wrth ymyl y lan fu hanes tîm Cymru y diwrnod hwnnw – colli o un pwynt yn unig – ond doedd hynny'n tarfu dim ar yr hwyl arferol a gaiff y miloedd o Gymry sy'n meddiannu prifddinas Iwerddon dros gyfnod gêm ryngwladol.

Yn eu plith roedd Dewi Prysor Williams, un o feibion fferm yr Hendre yng Nghwm Prysor ac aelod arall o Barti Lliw Meibion Glyndŵr. Fe'i gwelais yn sefyll gerllaw stondin gwerthu cŵn poeth yn Ballsbridge. Y funud honno cerddodd tri gŵr arall heibio. Roeddent hwythau hefyd wedi bod yn dystion i fethiant Cymru'r prynhawn hwnnw ac fe'u hadwaenwn fel aelodau o CID Heddlu'r Gogledd. Ond prin y dychmygais y funud honno y buasai llwybr y pump ohonom yn croesi unwaith eto o fewn ychydig ddyddiau.

Un arall o ardal Trawsfynydd yw Garffild Lloyd Lewis – un o newyddiadurwyr BBC Cymru. Llais Garffild oedd ar ben arall y ffôn ganodd am 9.00 o'r gloch y bore Mercher yn dilyn y gêm yn Iwerddon. Roedd ei neges, fel arfer, yn glir a diamwys. 'Mae na lwyth o blismyn yn Yr Hen Ddolgain – tŷ fferm wrth ymyl Rhiw Goch. Fan'no mae Prysor yn byw.'

Ymhen chwarter awr roeddwn innau ger adwy Yr Hen Ddolgain, ffermdy ar y mynydd-dir uwchlaw Bronaber. Ceisiais yn ofer fynd at y fferm ond fe'm rhwystrwyd gan y Ditectif Gwnstabl William Meirion Williams. Nid oedd yn fodlon rhoi rheswm dros fy rhwystro ond gallwn weld nifer o ddynion mewn siwtiau gwyn swyddogion fforensig o gwmpas y ffermdy. Heb os, dyma gyrch arall ar gartref aelod arall o Barti Lliw Meibion Glyndŵr.

Yn y tŷ roedd yna bamffledi a gyhoeddwyd gan Gymdeithas Cyfamodwyr y Gymru Rydd a Sinn Féin – adain wleidyddol yr IRA. Roedd yna hefyd boster dwyieithog gyda'r geiriau 'Nid ar werth i'r Saeson', a thoriadau papur newydd yn cofnodi ymgyrch losgi Meibion Glyndŵr.

Doedd dim rhaid aros yn hir cyn i gar Ford plaen y CID deithio i lawr y lôn fferm o'r Hen Ddolgain a throi i gyfeiriad Bronaber. Yn sedd gefn y car, wedi'i gywasgu rhwng dau dditectif, roedd Dewi Prysor Williams. Y dyddiad oedd 22ain Ionawr, 1992.

Fe'i cyhuddwyd maes o law o gynllwynio gyda Siôn Aubrey Roberts i achosi ffrwydradau a gwrthodwyd ei ryddhau yntau ar fechnïaeth. Roedd y tri wedi'u tynghedu i dreulio'r flwyddyn nesaf o dan glo yng Ngharchar Walton yn Lerpwl (bu'n rhaid i Siôn Aubrey Roberts dreulio'r cyfnod dechreuol yng Ngharchar Ieuenctid Stoke Heath yn Swydd Amwythig) a dioddef y teithiau achlysurol ac anghyfforddus yn ôl ac ymlaen i'r llysoedd ar gyfer y gwrandawiadau traddodi. Gwadodd y tri'r cyhuddiadau yn eu herbyn.

Pennod 16

DRWS CYFIAWNDER

Am ddegawdau lawer nid oedd dim o bwys yn digwydd yng Nghaernarfon heb i Dafydd Norman Jones wybod amdano.

Wedi'r cwbl treuliodd ei oes yn gweithio fel newyddiadurwr yn y dref hanesyddol i bapurau newydd *Y Cymro*, y *Chronicle* a'r *Herald*. Doedd ryfedd felly mai ef a'i gwelodd o gyntaf a bu'n rhaid i'r gweddill ohonom ni ohebwyr ddarllen am ei fodolaeth ar dudalen flaen rhifyn o'r *Herald Cymraeg* ar yr ail ddydd Sadwrn o fis Ionawr 1993. Y pennawd bras oedd: 'Trio Cau'r Drws ar Gyfiawnder'.

Oherwydd Dafydd oedd yr unig un i sylwi ar rybudd oedd wedi'i osod ar ddrws gwydr Llys y Goron, Caernarfon yn nodi mewn ychydig eiriau y byddai cais yn cael ei roi gerbron y llys ar y bore dydd Llun canlynol am ganiatâd i gynnal yr achos yn erbyn Siôn Aubrey Roberts, David Gareth Davies a Dewi Prysor Williams y tu ôl i ddrysau caeëdig.

Yn brydlon am 10.30 o'r gloch fore Llun, 11eg Ionawr, 1993, felly eisteddodd y barnwr, Mr Ustus Pill, ar ei fainc yn y Llys. Gyda'u cefnau at y barnwr, roedd clerc y llys a'r cofnodwr. Yn ei wynebu roedd y timau cyfreithiol yn gwnsleriaid, yn fargyfreithwyr, yn gyfreithwyr ac yn glercod y cyfreithwyr.

Yno yn arwain ar ran yr erlyniad roedd Martin Thomas QC – yr Arglwydd Thomas o Gresffordd yn ddiweddarach. Yn ei ddydd bu'n ymgeisydd seneddol aflwyddiannus – wyth o weithiau i gyd – i'r Blaid Ryddfrydol cyn mynd yn ei flaen i fod yn Llywydd Rhyddfrydwyr Democrataidd Cymru. Roedd ganddo hefyd gryn brofiad o achosion ag iddynt arlliw gwleidyddol Gymreig gan mai ef oedd yn erlyn yn Llys y Goron, yr Wyddgrug, ddeuddeng mlynedd ynghynt, pan anfonwyd y pedwar aelod o Cadwyr Cymru i'r ddalfa.

Ei ddirprwy oedd Michael Farmer – bargyfreithiwr profiadol a wyneb cyfarwydd yn llysoedd cylchdaith Caer a Gogledd Cymru. Bu unwaith yn ymgeisydd seneddol Plaid Cymru yn etholaeth Conwy ac aeth yn ei flaen i dderbyn ei sidan a'i benodi'n farnwr. Ef hefyd oedd awdur yr adroddiad damniol yn cystwyo aelodau Cyngor Bwrdeistref Sir Ynys Môn am beidio â chofnodi manylion eu lwfansau ac o ymddwyn yn fygythiol tuag at staff y cyngor.

Yn y llys ar ran Siôn Aubrey Roberts roedd Nigel Mylne QC – cwnsler o Lundain oedd â phrofiad helaeth o ymwneud ag achosion llys amlwg. Bu'n amddiffyn carcharorion a wynebodd gyhuddiadau yn dilyn y terfysgoedd yng Ngharchar Strangeways, Manceinion ac aeth yn ei flaen i fod yn Recordydd yn Llys y Goron ac i weithredu fel dyfarnwr arbennig mewn apeliadau'r rhai sy'n ceisio lloches yn y Deyrnas Gyfunol.

Rock Tansey QC oedd ar ran David Gareth Davies – cwnsler gyda phrofiad eang o achosion gwleidyddol. Bu'n cynrychioli Chwech Birmingham wrth iddynt geisio iawn am eu carcharu ar gam ac yn ystod ei yrfa ymddangosodd ar ran diffynyddion wedi'u cyhuddo o derfysgaeth ac ysbïo heb sôn am smyglo, twyllo a llofruddio. Yn 1983, bu'n cynrychioli Dafydd Ladd yn Llys y Goron, Caerdydd.

Yn cynrychioli y trydydd diffynnydd, Dewi Prysor Williams, roedd Winston Roddick QC. Yn enedigol o Gaernarfon cafodd Winston Roddick yntau yrfa disglair ym myd y gyfraith a bu yntau hefyd yn ymgeisydd seneddol ar ran y Rhyddfrydwyr. Aeth yn ei flaen i fod yn Dwrnai Cyffredinol cyntaf Cynulliad Cenedlaethol Cymru ac aelod o Fwrdd S4C.

Cyfreithiwr Dewi Prysor Williams oedd Geoff Thomas o Abertawe – un arall â phrofiad helaeth o achosion gwleidyddol Cymreig ers y 1960 pan fu'n cynrychioli aelodau amlwg o Fyddin Rhyddid Cymru – yr FWA (*Free Wales Army*) ym Mrawdlys Abertawe.

Cyfreithiwr Siôn Aubrey Roberts a David Gareth Davies oedd Mike Fisher o gwmni o gyfreithwyr o Lundain, Christian Khan. Roedd Mike Fisher hefyd yn gyfreithiwr profiadol mewn achosion troseddol. Bu'n cynrychioli'r llofrudd Myra Hindley am nifer o flynyddoedd ac yn amddiffyn Patrick Magee, yr aelod o'r IRA fu'n gyfrifol am chwythu Gwesty'r Grand yn Brighton yn yfflon yn ystod Cynhadledd Flynyddol y Blaid Geidwadol yn y dref yn 1984.

Yng nghefn y llys roedd y doc lle'r eisteddai'r tri diffynnydd gyda dau swyddog carchar yn eu gwarchod. Ar law dde'r barnwr roedd lloc orlawn y wasg, ac ar ei law chwith, gadeiriau gweigion y rheithgor. Fry uwchlaw'r diffynyddion roedd oriel gyhoeddus y llys. Roedd bron pob sedd yn llawn yn fan'no hefyd y bore cyntaf hwnnw a byddai hynny'n parhau drwy gydol y deufis a hanner nesaf.

Cododd Martin Thomas QC ar ei draed i amlinellu ei ddadleuon o blaid cynnal yr achos, neu ran o'r achos, yn gaeëdig. Yn ei feddiant roedd tystysgrif wedi'i harwyddo gan yr Ysgrifennydd Cartref, Kenneth Clarke, yn nodi nad oedd cael gweithgareddau'r Gwasanaethau Cudd yn dystiolaeth mewn llys barn o fudd i'r cyhoedd. Yn ei feddiant hefyd roedd barn y Twrnai Cyffredinol ar y mater yn dadlau y dylid cynnal gwrandawiad llys yn ymdrin â gweithgareddau'r Gwasanaethau Cudd y tu ôl i ddrysau caeëdig.

Eglurodd Martin Thomas wrth Mr Ustus Pill ei fod o'n bwriadu galw pedwar aelod o'r Gwasanaethau Cudd (MI5) i roi tystiolaeth gerbron y llys. Dyma fuasai'r tro cyntaf mewn hanes i hyn ddigwydd. Dyma fuasai'r tro cyntaf mewn hanes i swyddogion Gwasanaethau Cudd y Deyrnas Gyfunol ddweud ar lw gerbron y byd beth oedd natur eu gwaith a sut yr aent ati i gyflawni'r gwaith hwnnw. Fel tystion, buasent hefyd yn agored i gael eu croesholi gan yr amddiffyniad ynglŷn â'u gweithgareddau. Roedd diogelwch y deyrnas yn y fantol felly, meddai Martin Thomas. Roedd hi'n ddyletswydd ar y llys i warchod y deyrnas ac i amddiffyn tystion, oedd ei farn.

Yn naturiol, gwrthwynebu'r cais a wnaeth yr amddiffyniad. Conglfaen y broses gyfreithiol oedd gwrandawiadau cyhoeddus, oedd eu barn. Parhaodd y dadlau am y rhan fwyaf o'r diwrnod cyntaf ac ar ddiwedd y cyflwyniadau cododd Mr Ustus Pill o'i gadair a chyhoeddi ei fod am ystyried y dadleuon dros nos ac adrodd ei benderfyniad wrth y llys fore trannoeth.

Ni roddodd y barnwr ei resymau ar goedd dros wrthod cais Martin Thomas. Roedd y swyddogion cudd i ymddangos mewn llys barn am y tro cyntaf erioed ar ran yr erlyniad. Ond fe dderbyniodd y barnwr yr angen i warchod y swyddogion. Dyfarnodd na ddylid cyfeirio atynt yn ôl eu henwau priod ac y dylid codi sgrin yn y llys rhag i'r cyhoedd eu gweld.

Roedd mesurau o'r fath yn achosi cryn ddifyrrwch mewn un pentref yn Ynys Môn gan y gwyddai y trigolion yno'n iawn mai mewn gwesty lleol yno roedd y cudd-swyddogion yn aros!

Gorchwyl cyntaf ail ddiwrnod yr achos felly oedd dewis rheithgor. Hebryngwyd panel o oddeutu trigain o ddarpar reithgorwyr i'r llys, a dechreuodd y broses o ddewis dwsin o'u mysg i wasanaethu ar y rheithgor.

Fel ym mhob achos, mae gan yr erlyniad a'r amddiffyniad yr hawl i wrthwynebu unigolion y maen nhw'n tybio sy'n anaddas i wasanaethu ar reithgor ac fe ddefnyddiwyd yr hawl honno'r tro hwn hefyd. Ond cyn i hynny ddigwydd, mynnodd y barnwr y dylid darllen enwau a chyfeiriadau'r 55 o dystion oedd i ymddangos gerbron y llys (ar wahân, wrth gwrs, i swyddogion y

Gwasanaethau Cudd) – rhestr oedd yn cynnwys 36 o blismyn.

Roedd Mr Ustus Pill yn awyddus i sicrhau nad oedd aelodau o'r rheithgor yn adnabod yr un tyst. Felly esgusodwyd y darpar reithgorwyr oedd yn gyfarwydd ag unrhyw enw ar y rhestr.

Roedd y barnwr hefyd am gael sicrwydd nad oedd aelodau'r rheithgor yn adnabod y pedwar gŵr yr honnai'r erlyniad oedd i dderbyn dyfeisiadau cynnau tân drwy'r post gan ddau o'r diffynyddion, sef y Gweinidog Gwladol, Syr Wyn Roberts; yr Asiant Ceidwadol, Elwyn Jones; a dau blismon, Prif Gwnstabl Cynorthwyol Heddlu'r Gogledd, Gwyn Williams, a'r Ditectif Arolygydd Maldwyn Roberts.

Dyfarnodd y barnwr yn ogystal nad oedd unrhyw un sydd, neu a fu, yn dal swydd yn y Blaid Geidwadol yng ngogledd Cymru yn addas fel aelod o'r rheithgor. 'Rwy'n gwneud hynny er mwyn sicrhau gwrandawiad teg a gwrthrychol,' meddai wrth y llys.

Yn y diwedd dewiswyd chwe gŵr a chwe merch fel aelodau cyflawn o'r rheithgor. Pedwar ohonynt ddewisodd dyngu eu llw yn y Gymraeg.

Roedd hi'n drydydd diwrnod yr achos felly cyn i Martin Thomas QC godi ar ei draed yn Llys y Goron, Caernarfon ac amlinellu'r achos yn erbyn y tri diffynnydd. Roedd y llys yn dawel fel y bedd a chyda phob sill ganddo yn cael eu cofnodi dywedodd fel y bu ditectifs, o uned arbennig a sefydlwyd gan Heddlu'r Gogledd i ymchwilio i ymgyrch losgi Meibion Glyndŵr, yn gwylio fflat ar lawr uchaf Plas Tudur ar stad tai cyngor Pencraig yn Llangefni ers 10fed Medi, 1991. Dyma a elwid yn *Operation Seabird*, oherwydd mai Oriel Môn (cartref lluniau adar môr yr artist, Charles Tunnicliffe) oedd lleoliad y man gwylio, ac *Operation Mountain*, oherwydd mai bryn gerllaw stad dai a ddefnyddiwyd fel man gwylio. Clywodd y llys fel y bu i swyddogion y Gwasanaethau Cudd (MI5) ymuno'n y gwylio gan dorri i mewn i'r fflat deirgwaith i gyd er mwyn gosod a thynnu offer clustfeinio.

Dywedodd Martin Thomas bod y fflat yn cael ei ddefnyddio fel ffatri wrth i'r tenant Siôn Aubrey Roberts a David Gareth Davies arbrofi a chynhyrchu dyfeisiadau cynnau tân. Roedd fflachiadau o olau wedi'u gweld yno. Yno hefyd roedd yna ddarn papur yn cynnwys rhestr o dargedau posib. Ar y darn papur, meddai, roedd olion bysedd y trydydd diffynnydd gerbron y llys, Dewi Prysor Williams.

Ond roedd yr achos yma hefyd yn un arbennig o arwyddocaol, meddai Martin Thomas. Roedd y cyhuddiadau'n cynrychioli newid pwyslais amlwg yn yr ymgyrch losgi. Nid tai haf oedd y targed erbyn hyn, meddai, ond pobl – a'r rheini'n bobl Cymru.

Roedd effeithiolrwydd yr heddlu a medrusrwydd y Gwasanaethau Cudd wedi llwyddo i atal terfysgaeth, ychwanegodd. Roedd gwladgarwch y diffynyddion wedi'i wyrdroi i'r fath raddau, meddai Martin Thomas wrth gloi ei gyflwyniad, fel eu bod yn beryglus nid yn unig i dargedau penodol ond hefyd unrhyw un arall boed Gymro neu Sais, hen neu ifanc, amlwg neu gyffredin oedd yn ddigon anffodus i ddigwydd bod yn eu llwybr.

Pennod 17

ANFADWAITH NEU DYSTIOLAETH

Ar fore chweched diwrnod yr achos yn erbyn Siôn Aubrey Roberts, David Gareth Davies a Dewi Prysor Williams, cafwyd datblygiad dramatig pan esgusodwyd y rheithgor o'u dyletswyddau.

Yn ôl yr heddlu, roedd aelod o'r rheithgor wedi trafod manylion tystiolaeth yr achos gyda'i brawd. Roedd y brawd yn gweithio ym Mhencadlys Heddlu'r Gogledd ym Mae Colwyn ac wedi ailadrodd sylwadau ei chwaer yn ei waith. Yn wyneb tystiolaeth o'r fath, penderfyniad y barnwr, Mr Ustus Pill, oedd galw rheithgor newydd.

Unwaith eto chwe gŵr a chwe gwraig a gafodd eu dewis ac fe dyngodd pump ohonynt eu llw yn y Gymraeg y tro hwn. Am yr eildro mewn wythnos felly dechreuodd Martin Thomas QC amlinellu'r achos yn erbyn y tri diffynnydd. Mae'r dystiolaeth yn erbyn y tri diffynnydd yn llethol, meddai. Roedd rhaid i aelodau'r rheithgor roi eu rhagfarnau a'u hemosiynau o'r neilltu a dod i ddyfarniad sy'n seiliedig ar y dystiolaeth honno, ychwanegodd

Ond nid felly'r oedd yr amddiffyniad yn ei gweld hi. Triciau budr y Gwasanaethau Cudd oedd sail yr achos, yn ôl Nigel Mylne QC.

Roedd yna 38 o aelodau'r Gwasanaethau Cudd (MI5), heb sôn am ddeuddeg o blismyn, yn dilyn Siôn Aubrey Roberts o gwmpas tref gastellog Caernarfon ar ddydd Sadwrn oerllyd ym mis Tachwedd, 1991. Dyna awgrym o ymrwymiad yr awdurdodau i ddal Meibion Glyndŵr.

Mawr oedd y disgwyl felly i glywed aelodau'r Gwasanaethau Cudd yn dweud eu dweud yn y llys. Y cyntaf oedd Tyst A. Yn anghredadwy bron roedd ganddo fwstas ffug. Roedd wedi bod yn swyddog gyda'r

Gwasanaethau Cudd ers 16 mis ac roedd torri i mewn i dai yn ddiarwybod i'r preswylwyr yn rhan arferol o'i waith. Doedd o ddim yn fodlon dweud beth fu'n ei wneud cyn ymuno â'r Gwasanaethau Cudd na pha arbenigedd oedd ganddo i gyflawni'i ddyletswyddau fel ysbïwr. Yn ei acen *cockney* cadarnhaodd iddo ef a chydweithiwr iddo gael gorchymyn gan ei feistri yn Llundain ddechrau fis Tachwedd 1991 i deithio i Langefni a gosod offer clustfeinio mewn fflat ar lawr uchaf Plas Tudur yn y dref. Roedd ei gydweithiwr yn arbenigwr ar agor cloeon ac roedden nhw yno am tua awr a hanner i gyd. Doedd ganddynt ddim dewis. Roedd rhaid aros nes i ofalwr y fflatiau orffen golchi llawr y lobi cyn ymadael heb i neb eu gweld.

Aeth yn ei flaen i ddweud na fu ganddo unrhyw ddiddordeb blaenorol ym Meibion Glyndŵr, ond gwadodd yn bendant awgrym Nigel Mylne ei fod ef a'i gydweithiwr wedi mynd ati'n fwriadol i fframio Siôn Aubrey Roberts a hynny ar ôl i Heddlu'r Gogledd fethu â sicrhau tystiolaeth ddigonol i'w erlyn. Ond prin oedd ei atgofion am ei ymweliad ag Ynys Môn gan na chofnododd fanylion y daith. Clywodd y llys yn ddiweddarach fel y bu i'r Ditectif Gwnstabl Alun Wyn Roberts o Gangen Arbennig Heddlu'r Gogledd hebrwng aelodau o'r Gwasanaethau Cudd o gwmpas Ynys Môn ond nad oedd yntau ychwaith yn cofio manylion y teithiau hynny.

Roedd yr ail aelod o'r Gwasanaethau Cudd i ymddangos yn y llys hefyd wedi torri i fewn i'r fflat yn Llangefni ond y tro hwn i dynnu'r offer clustfeinio a osodwyd gan Dyst A ddeuddeng niwrnod ynghynt. Ar y dechrau, mynnodd Tyst B nad oedd yn gwybod pam fod yr offer yn y fflat o gwbl. Dim ond yr wybodaeth angenrheidiol y mae'n rhaid i mi ei chael i wneud fy ngwaith, meddai. Ond wrth gael ei groesholi fe gytunodd iddo dderbyn gwybodaeth am y fflat gan aelodau o Gangen Arbennig Heddlu'r Gogledd, er nad oedd o'n cofio enwau'r plismyn hynny. Doedd o chwaith ddim yn cofio trafod yr achos yn ddiweddarach gyda'r Ditectif Arolygydd Henry Jones a'r Ditectif Ringyll Huw Roberts o'r Gangen Arbennig. 'Ydych chi'n cael trafferth gyda'ch cof?' gofynnodd Nigel Mylne iddo. 'Nac ydwyf,' meddai Tyst B, gan wadu pob awgrym iddo wybod bod tystiolaeth ffug wedi'i gosod yn y fflat.

Ar 5ed Rhagfyr, 1991, y dychwelodd y Gwasanaethau Cudd i'r fflat yn Llangefni, meddai'r trydydd ysbïwr. Teithiodd Tyst C o Lundain mewn awyren gan lanio yng Ngorsaf y Llu Awyr yn y Fali yn Ynys Môn. Bu'n aelod o'r Gwasanaethau Cudd ers tair blynedd a'i arbenigedd oedd sgiliau technegol. Roedd yn gwybod ymlaen llaw, drwy osod offer clustfeinio yn y fflat yn Llangefni, y byddai'n gweithredu yn erbyn eithafwyr Cymreig oedd yn cynhyrchu bomiau. Mewn cwpwrdd yn un o'r llofftydd, meddai, roedd yna fag *polythene* yn cynnwys dau neu dri o glociau larwm, batri, gwifrau a phowdwr gwyn, sef sodiwm clored, mewn bag siopa plastig Lo-Cost. Yno hefyd, ger y drws, roedd yna gap a ffedog *polythene*. Yn y gegin roedd yna ddeunydd gwneud bomiau, meddai.

Tyst D oedd yr olaf o aelodau'r Gwasanaethau Cudd i gynnig tystiolaeth. Roedd yntau hefyd wedi torri i mewn i'r fflat yn Llangefni ar 5ed Rhagfyr, 1991. Yn y gegin, meddai, gwelodd fylbiau fflach, gwifren sodro a ffiws. Yno hefyd gwelodd ddarnau o bapur gyda'r llythrennau MG arnynt a rhestr o dargedau yn cynnwys enwau Syr Wyn Roberts, Elwyn Jones, a dau blismon.

'Ond gyda'r holl ddeunydd yma yn y fflat pam na alwyd arbenigwyr i'w gwneud yn ddiogel?' gofynnodd Nigel Mylne iddo.

'Nid fy mhenderfyniad i oedd hynny,' oedd ei ateb gan wadu'r awgrym mai'r Gwasanaethau Cudd osododd y deunyddiau yn y fflat.

'Mae hynny'n chwerthinllyd,' meddai.

Ond nid gweithgareddau'r Gwasanaethau Cudd yn unig

a fu o dan amheuaeth yn yr achos llys. Yn ôl yr amddiffyniad, yr heddlu eu hunain anfonodd y dyfeisiadau tân drwy'r post gan wybod yn iawn eu bod yn ddiogel. Roedd yna ymgyrch benodol i barddu'r tri diffynnydd a'r ymgyrch honno'n deillio o rwystredigaeth. Wedi'r cwbl, onid oedd yr offer clustfeinio fu yn fflat Siôn Aubrey Roberts yn Llangefni am dair wythnos wedi methu cofnodi unrhyw dystiolaeth am gynhyrchu dyfeisiadau cynnau tân nac unrhyw weithgaredd anghyfreithlon arall.

'Mae'r awgrym yna'n wiriondeb llwyr,' oedd ymateb Dirprwy Bennaeth CID Heddlu'r Gogledd, y Ditectif Uwch Arolygydd Gareth Jones gan gyfaddef mai ef benderfynodd alw am gymorth y Gwasanaethau Cudd.

'Pam y bu i chi wneud hynny?' gofynnodd Nigel Mylne QC iddo.

'Am eu bod yn arbenigwyr ar wylio a chlustfeinio,' oedd ateb y plismon.

Ar drydydd diwrnod ar ddeg yr achos roedd amwysedd ynglŷn â phwy oedd wedi darganfod pedwar llyfr stampiau wedi'u gosod mewn maneg blastig mewn poced cot *parka* un o'r diffynyddion. Dywedwyd mai stampiau o'r llyfrau hyn a ddefnyddiwyd i anfon dyfeisiadau cynnau tân drwy'r post a'r Ditectif Gwnstabl Alun Wyn Roberts oedd y cyntaf i hawlio mai fo gafodd hyd iddyn nhw. Ond clywodd y llys fod y Ditectif Gwnstabl Alun Dulyn Owen hefyd yn honni'r un peth. 'Fedrwch chi gynnig esboniad?' gofynnodd Nigel Mylne i'r Ditectif Gwnstabl Alun Wyn Roberts.

'Na fedraf,' oedd ymateb yr heddwas.

'Fedrwch chi feddwl am reswm gonest am yr amryfusedd?' gofynnodd Nigel Mylne wrth y Ditectif Gwnstabl Alun Dulyn Owen.

'Na fedraf,' oedd ateb y plismon yma hefyd.

'Onid ydi hi'n ffaith drist eich bod chi a'ch cyd-swyddogion wedi bod yn creu tystiolaeth?' meddai Nigel Mylne eto.

'Na – faswn i ddim – feiddiwn i ddim gwneud y fath beth,' oedd ymateb y Ditectif Gwnstabl Owen.

Y Ditectif Arolygydd Roy Gregson oedd y nesaf i'w groesholi gan Nigel Mylne. Roedd yr Arolygydd Gregson wedi arwain y cyrch ar y fflat yn Llangefni pan arestiwyd Siôn Aubrey Roberts. Unwaith eto cododd amryfusedd ynglŷn â nifer y menig rwber welwyd yn y fflat.

'Rwy'n awgrymu eich bod yn sefyll mewn cors o lygredd,' meddai'r bargyfreithiwr.

'Mae hynny'n anghywir – mae eich awgrym yn sarhad,' oedd ymateb y plismon.

Dilyn yr un trywydd wnaeth Rock Tansey QC hefyd wrth groesholi'r Ditectif Gwnstabl Keith Jones ar ôl i'r plismon honni iddo ddarganfod offer y gellid eu defnyddio i gynhyrchu dyfeisiadau cynnau tân yn y Wern, Gwalchmai – cartref David Gareth Davies. Yn ôl Rock Tansey roedd offer o'r fath wedi'u rhoi yno gan yr heddlu neu'r Gwasanaethau Cudd.

'Ddim cyn belled ag y gwn i,' meddai'r Ditectif Gwnstabl Jones.

Cadarnhaodd y Ditectif Ringyll Geoff Taylor fel y bu iddo gludo eitemau o'r tŷ yng Ngwalchmai i Swyddfa'r Heddlu ym Mangor ac yna yn ôl i Fôn i Swyddfa'r Heddlu yn Llangefni.

'Pam?' gofynnodd Rock Tansey.

'Er mwyn i arbenigwyr fforensig, oedd yn Llangefni ar y pryd, eu harchwilio,' oedd yr ateb.

'Dwi'n amau anfadwaith (*skulduggery*) yma,' oedd sylw'r bargyfreithiwr.

'Eich dychymyg chi ydi o,' atebodd y plismon.

* * *

Ar dir diffaith y tu ôl i Oriel Môn yn Llangefni y lleolwyd *Operation Seabird*. Ym misoedd Hydref, Tachwedd a dechrau

Rhagfyr, 1991 bu ditectifs o uned arbennig Heddlu'r Gogledd yn chwilio am Feibion Glyndŵr yn gwylio fflat ar lawr uchaf Plas Tudur rhyw dri chwarter milltir i ffwrdd. Bu'r Ditectif Ringyll Barry Edwards yn llechu o dan ganfas yn y guddfan am gyfanswm o 47 o oriau i gyd. Roedd ganddo dros 20 awr o luniau fideo a dangoswyd pigion o'r lluniau hynny i'r rheithgor yn Llys y Goron, Caernarfon. Yn y lluniau gwelwyd tri pherson gwahanol drwy ffenestri'r fflat ac ar y lluniau a dynnwyd ar 1af Rhagfyr, 1991, gellid gweld fflachiadau megis fflach camera. Ond ni wyddai'r Rhingyll Edwards bod y Gwasanaethau Cudd hefyd yn gwylio'r fflat ar yr un pryd.

Ar noson 27ain Hydref, 1991, tro y Ditectif Arolygydd Maldwyn Roberts oedd hi i wylio o guddfan *Operation Seabird*. Dywedodd iddo weld Siôn Aubrey Roberts yn agor ffenestr y fflat a gosod rhywbeth ar y silff ffenestr. Yn syth wedyn, roedd yna fflach o olau llachar. Er hyn ni wnaeth yr Arolygydd Roberts unrhyw gyfeiriad at y digwyddiad mewn datganiadau ffurfiol yn ddiweddarach.

'Pam na wnaethoch chi ddatganiad ynglŷn â thystiolaeth mor ddamniol yn erbyn y diffynyddion?' gofynnodd Nigel Mylne iddo.

'Fe wnes i anghofio,' oedd ei ateb.

Honnodd y Ditectif Gwnstabl Alun Dulyn Owen iddo ef weld y digwyddiad ar silff ffenestr y fflat hefyd. Ond roedd gwahaniaeth sylfaenol yn ei ddatganiadau ynglŷn â'r digwyddiad. Mewn datganiad gwreiddiol dywedodd ei fod ar ei ben eu hun pan welodd y fflach, ond yn ei ail ddatganiad roedd o yng nghwmni'r Ditectif Arolygydd Maldwyn Roberts.

'Pam yr amryfusedd?' gofynnodd Nigel Mylne iddo.

'Wn i ddim,' oedd ei ateb.

Clywodd y llys hefyd dystiolaeth y Ditectif Gwnstabl Ifor Jones o Heddlu'r Gogledd oedd hefyd yn aelod o'r Uned Troseddau Rhanbarthol. Ar 3ydd Rhagfyr, 2001, roedd ar

127

ddyletswydd yn Llangefni pan welodd Siôn Aubrey Roberts yn mynd at beiriant llyfrau stampiau ger Llythyrdy'r dref a phrynu pedwar llyfr cyn dal bws i bentref Gwalchmai gan gludo bag dillad. Yno meddai'r Ditectif Gwnstabl Keith Forrester o Heddlu Swydd Caer ac aelod arall o'r Uned Troseddau Rhanbarthol, aeth i gartref David Gareth Davies a dod oddi yno'n ddiweddarach – heb y bag.

Honnodd yr erlyniad mai bomiau tân oedd yn y bag ac mai David Gareth Davies a'u cludodd i Fangor ar ei feic modur yn ddiweddarach a'u postio.

Ar ugeinfed diwrnod yr achos yn Llys y Goron, Caernarfon daeth yn wybyddus i Mr Ustus Pill bod nodyn gyda'r geiriau 'CYMRU DIM YM (sic) AR WERTH – MG' wedi'i osod ar fodur aelod o'r rheithgor.

'Mae hyn yn ddigwyddiad anffodus,' meddai, ond yn dilyn ymgynghoriad maith gyda'r bargyfreithwyr yn y llys penderfynwyd bwrw ymlaen â'r achos.

'Does dim rheswm i gredu mai'r diffynyddion neu eu cefnogwyr fu'n gyfrifol am y nodyn,' ychwanegodd.

* * *

Doedd dim cyfrinach ynglŷn â barn wleidyddol Dewi Prysor Williams. Tra oedd yn fachgen ysgol, ymddangosodd gerbron llys am roi tŷ haf ar dân ger ei gartref yng Nghwm Prysor. Roedd Cae Gwair yn eiddo i feddyg o Lundain. Erbyn diwedd 1991 ac yntau'n 25 mlwydd oed roedd yn aelod o Bwyllgor Canolog Cymdeithas Cyfamodwyr y Gymru Rydd – mudiad oedd â'r nod o sicrhau Cymru Annibynnol.

Er iddo fod yn aelod o Barti Lliw Meibion Glyndŵr, gwadodd iddo fod yn aelod o'r Meibion eu hunain na'i fod yn adnabod unrhyw un sydd neu oedd yn aelod. Ond roedd o'n gefnogol i'r ymgyrch losgi ac fel miloedd o bobl ifanc Cymru yn eu hystyried yn arwyr, meddai.

'Nid oedd rhoi cefnogaeth agored i'r ymgyrch losgi'n golygu ei fod o'n rhan o'r ymgyrch,' meddai Winston Roddick QC ar ei ran. 'Rhesymeg o ddau a dau yn gwneud pump yw hynny,' ychwanegodd.

Rhwng 1982 ac 1986 roedd y Ditectif Gwnstabl William Meirion Williams yn blismon pentref Trawsfynydd. Erbyn 1991 roedd o'n aelod o'r Uned Arbennig o dditectifs Heddlu'r Gogledd a sefydlwyd i chwilio am Feibion Glyndŵr.

Clywodd y llys fel y bu iddo gael gwadd i wylio lluniau fideo o fflat ym Mhlas Tudur, Llangefni ac o fewn dwy eiliad o ddechrau gwylio, roedd wedi adnabod amlinelliad o gorff Dewi Prysor Williams yn y lluniau.

'Pam y bu i chi gael eich gwadd i wylio'r fideo?' gofynnodd Winston Roddick QC iddo.

'Mae'n rhaid i mi dderbyn bod disgwyl i mi adnabod rhywun yn y fideo,' oedd yr ateb.

'Onid yw'r diffynnydd wedi newid ers iddo fod yn ddeunaw pan roeddech chi'n ei adnabod tra oeddech yn blismon yn Nhrawsfynydd?' gofynnodd y bargyfreithiwr wedyn.

'O do,' meddai'r tyst. 'Ond nid cymaint â hynny.'

Nid oedd yr heddwas yn gallu dweud ychwaith pa nodweddion oedd yn perthyn i Dewi Prysor Williams yr oedd wedi'u hadnabod, ond gwadu dro ar ôl tro wnaeth y diffynnydd ei fod wedi bod ar gyfyl y fflat yn Llangefni. Yn wir clywodd y llys gan Gilbert Hughes, trydanwr o Flaenau Ffestiniog, bod Dewi Prysor Williams yn gweithio iddo ef yn y Rhyl ar un o'r dyddiadau yr honnwyd iddo fod yn y fflat. Roedd mewn tafarn ym Mhorthmadog gyda chyfaill o'r enw Myfyr Jones ar ddyddiad arall.

Gofynnwyd i Dewi Prysor Williams ddarparu 11 sampl o'i lawysgrifen, a hynny er mwyn i arbenigwr eu cymharu gyda'r ysgrifen ar restr o dargedau posib a ganfuwyd yn fflat Siôn Aubrey Roberts yn Llangefni. Yn ôl Ken Parry

Hughes, roedd yna nifer o elfennau tebyg, a'i bod hi'n annhebygol mai rhywun arall oedd yr awdur. Dim ond 2% o'r boblogaeth fuasai'n meddu yr un elfennau yn eu llawysgrifen, meddai, ond nid oedd yn fodlon hepgor y posibilrwydd mai rhywun arall a ysgrifennodd y rhestr.

Yn yr un modd nid oedd arbenigwr ar olion bysedd, Mark Williams, yn gwbl sicr ychwaith mai olion cledr llaw Dewi Prysor Williams a welodd o ar y rhestr. 'Mae'n fwy na thebygol,' oedd ei farn arbenigol.

Dewi Prysor Williams oedd yr unig ddiffynnydd yn Llys y Goron, Caernarfon i gynnig tystiolaeth a gwadodd yn ddiamwys mai ef oedd awdur y rhestr.

'Ydych chi'n dweud y gwir?' gofynnodd Winston Roddick QC iddo.

'Gwir pob gair,' oedd yr ymateb.

* * *

Doedd aelodau'r rheithgor ddim yn gallu cuddio'r wên ar eu hwynebau wrth i'r Ditectif Ringyll Barry Edwards ail fyw'r cyfweliadau gafodd gyda'r diffynnydd, David Gareth Davies. Yn y cyfweliadau hynny roedd y diffynnydd wedi cydnabod iddo fod yn ymwelydd cyson â fflat yn Llangefni a ddefnyddiwyd, yn ôl yr heddlu, fel ffatri gynhyrchu dyfeisiadau cynnau tân.

'Welsoch chi Siôn Aubrey Roberts yno'n gwisgo menig rwber ynghyd â ffedog a chap plastig?' gofynnodd y Rhingyll Edwards iddo.

'Ddim i mi sylwi,' oedd yr ateb.

Clywodd y llys hefyd ddisgrifiad y Ditectif Gwnstabl Alun Dulyn Owen o David Gareth Davies yn gorymdeithio fel aelod o Barti Lliw Meibion Glyndŵr mewn rali yn Abergele.

'Roedd o'n baglu ar draws godre ei drowsus oherwydd

bod ei ddillad o rhyw bum gwaith yn rhy fawr,' meddai'r Cwnstabl Owen.

Yn ôl yr heddlu eu hunain, roedd y diffynnydd i'w weld wedi dychryn pan glywodd am weithgaredd honedig Siôn Aubrey Roberts yn y fflat.

'Pam eich bod chi wedi dychryn?' gofynnodd y plismyn iddo.

'Nid yw Siôn y math o hogyn fasa'n gwneud hynny – tydi o mo'r teip,' oedd yr ateb.

'A beth bynnag, nid dyna ydi'r ateb i'r argyfwng tai,' ychwanegodd.

'Pa mor bell fuasech chi'n fodlon mynd?' gofynnodd yr heddlu.

'Gweithredu uniongyrchol di-drais,' meddai.

Ar ôl i'r llys ymgynnull ar ôl cinio ar nawfed dydd ar hugain yr achos, cafwyd datblygiad dramatig pan gyhoeddodd Mr Ustus Pill ei fod yn cyfarwyddo'r rheithgor i gael David Gareth Davies yn ddi-euog o anfon dyfeisiadau ffrwydrol drwy'r post. 'Rwyf o'r farn nad oes tystiolaeth ddigonol i gael y diffynnydd yn euog,' meddai, ond roedd David Gareth Davies yn dal i wynebu cyhuddiad o gynllwynio i achosi ffrwydradau.

Ond yn ôl Rock Tansey QC, nid oedd y dyn priod yma a thad i bedwar o blant y math o ddyn fyddai'n gwneud hynny: 'Roedd o'n adnabyddus yn ei gymdogaeth fel gŵr clên a chymwynasgar. Roedd o'n hoffi gweithredu'n wleidyddol ond nid yw'n ŵr treisgar a gwadodd dro ar ôl tro wrth gael ei holi gan yr heddlu iddo fod yn rhan o ymgyrch losgi Meibion Glyndŵr.'

Gan gyfeirio at dystiolaeth yr heddlu a swyddogion y Gwasanaethau Cudd gofynnodd Rock Tansey i'r rheithgor: 'Ydych chi'n sicr i chi glywed y gwir, yr holl wir a'r gwir yn unig yn y llys?'

Pennod 18

TEIMLO'N GYNNES

Yn oriau mân y bore 6ed Rhagfyr, 1991, sylwodd gweithwraig Swyddfa'r Post yn y ganolfan ddidoli llythyrau yn Ffordd Euston ym Mangor ar becyn amheus wedi'i bacio mewn papur brown ac wedi'i gyfeirio mewn llythrennau stensil.

Roedd o wedi'i anfon i Swyddfa'r Heddlu ym Mangor ac at Bennaeth yr Uned Arbennig o dditectifs Heddlu'r Gogledd a sefydlwyd i chwilio am Feibion Glyndŵr, y Ditectif Arolygydd Maldwyn Roberts.

Yn ddiarwybod i staff Swyddfa'r Post y bore hwnnw, roedd y pecyn yn cynnwys hanner can gram o gymysgedd ffrwydrol wedi'i osod mewn bocs tâp fideo. Byddai agor cil y bocs wedi bod yn ddigon i oleuo bwlb fflach gyda hwnnw'n ei dro'n achosi ffrwydrad a thân: 'Y bwriad oedd i losgi, anafu, anffurfio neu anharddu,' oedd disgrifiad Martin Thomas QC o'r pecyn yn ddiweddarach yn Llys y Goron, Caernarfon.

Galwyd yr Heddlu a chludwyd y pecyn gan blismon ar droed o'r swyddfa ddidoli llythyrau i Swyddfa Heddlu'r ddinas.

Yn ddiweddarach yn y bore fe ganfuwyd tri phecyn arall tebyg a hysbyswyd yr heddlu am yr eildro.

Am 11.30 o'r gloch y bore 6ed Rhagfyr, 1991, roedd PC Non Wyn Parry ar ei phen ei hun yn ei char yn teithio i gyfeiriad Ffordd Euston. Ar ôl iddi gyrraedd y ganolfan ddidoli llythyrau, aed â hi i weld y tri phecyn amheus. Roedd y rhain hefyd wedi'u lapio mewn papur brown a chyda chyfeiriadau mewn llythrennau stensil. Roedd y cyntaf at Aelod Seneddol Ceidwadol Conwy a'r Gweinidog yn y Swyddfa Gymreig, Syr Wyn Roberts, yn Swyddfa'r

Blaid Geidwadol yn Llandudno. Roedd yr ail becyn wedi'i gyfeirio at Elwyn Jones, Asiant y Blaid Geidwadol yn swyddfa ei blaid ym Mae Colwyn. A'r trydydd at Brif Gwnstabl Cynorthwyol Heddlu'r Gogledd, Gwyn Williams, ym Mhencadlys Heddlu'r Gogledd ym Mae Colwyn. Roedd un o'r pecynnau'n 'teimlo'n gynnes', meddai'r heddferch.

Gan adael yr un oedd yn teimlo'n gynnes ar ôl yn y swyddfa ddidoli llythyrau, gosododd Non Wyn Parry y ddau becyn arall yn daclus yng nghist ei char, uwchben y tanc petrol, a gyrru'r chwarter milltir ar hyd strydoedd Bangor yn ôl i Swyddfa'r Heddlu. Ar ôl cyrraedd, tynnodd y ddau becyn o gist ei char a'u cludo i mewn i'r adeilad ei hun.

'Doedd gennych chi ddim ofn?' gofynnodd Nigel Mylne QC iddi yn y Llys.

'Roeddwn i'n reit bryderus,' oedd ei hateb.

'Pwy ofynnoch chi i fynd i nôl y pecynnau?' gofynnodd Nigel Mylne wedyn.

'Y Ditectif Arolygydd Maldwyn Roberts,' meddai'r heddferch.

Efallai mai dim ond PC Non Wyn Parry oedd ar gael i fynd i ateb galwad y postmyn y bore hwnnw. Efallai nad oedd ei meistri'n teimlo, ar ôl archwilio'r pecyn cyntaf yn eu meddiant yn barod, nad oedd unrhyw fygythiad yn y tri phecyn arall. Efallai, fel roedd yr amddiffyniad yn awgrymu dro ar ôl tro, bod yr heddlu'n gwybod nad oedd y pecynnau'n beryglus.

Beth bynnag oedd yr amgylchiadau, arbenigwyr difa bomiau – meddan nhw – a ddeliodd gyda'r pecynnau yn y diwedd a hynny yn yr iard yng nghefn Swyddfa'r Heddlu ym Mangor.

Pennod 19

EUOG A DI-EUOG

Ar ddeuddegfed dydd ar hugain yr achos y dechreuodd Martin Thomas QC grynhoi achos yr erlyniad.

'Mae'r llys yn bod i warchod rhyddid barn a chred,' meddai. 'Ond mae'r llys yma hefyd i warchod pobl sy'n byw yn y gymdogaeth rhag cael eu hanafu gan derfysgwyr,' ychwanegodd.

'Efallai eich bod yn meddwl bod Siôn Aubrey Roberts, David Gareth Davies a Dewi Prysor Williams yn ymddangos yn ddiniwed. Ond rwyf i'n honni eu bod wedi croesi'r ffin ac wedi cerdded y llwybr tuag at derfysgaeth ac wedi pardduo enw Owain Glyndŵr drwy weithredu'n y dirgel,' ychwanegodd.

Roedd honiadau'r amddiffyniad i'r gwrthwyneb yn anhygoel, meddai Martin Thomas ac aeth yn ei flaen i sôn am gyfraniad swyddogion y Gwasanaethau Cudd i'r achos.

'Efallai eich bod yn meddwl mai triciau budr MI5 sydd ar waith yma,' meddai wrth y rheithgor. 'Ond y mae'n rhaid i chi benderfynu ai ymyrryd â hawl yr unigolyn ynteu cadw'r gymdeithas yn ddiogel rhag terfysgaeth sydd bwysicaf,' ychwanegodd.

Roedd cyflwyniadau cloi'r amddiffyniad hefyd yn llawn mor drydanol eu naws a'u cynnwys. Cyfeiriodd Nigel Mylne QC at hyd yr ymgyrch losgi a bod record yr heddlu o ddal y rhai fu'n gyfrifol yn embaras. Dyna pam y bu iddynt dargedu gŵr ifanc oedd â barn eithafol a gwrth-sefydliadol, ond methodd offer clustfeinio a osodwyd yng nghartref Siôn Aubrey Roberts yn Llangefni, â dwyn unrhyw dystiolaeth yn ei erbyn.

'Erbyn hyn roedd rhwystredigaeth yr heddlu wedi datblygu'n *grescendo*,' meddai.

'Dyna pryd y penderfynwyd plannu tystiolaeth ffug yn y fflat er mwyn twyllo'r rheithgor,' ychwanegodd.

'Roedd achos yr erlyniad yn drewi,' meddai wedyn.

Cyfeiriodd hefyd at achosion amlwg fel achos Pedwar Guildford a Chwech Birmingham a garcharwyd ar gam.

'Byddwch wyliadwrus,' meddai wrth y rheithgor, 'rhag i chi ychwanegu at y rhestr honno o gamweinyddu cyfiawnder.'

Am 11.30 o'r gloch fore dydd Iau, 4ydd Mawrth, 1993, anfonwyd y rheithgor o'r llys i ystyried eu dyfarniad. Cyn hynny, roeddent wedi clywed y barnwr, Mr Ustus Pill, yn crynhoi'r dystiolaeth yn ei chyfanrwydd.

'Efallai eich bod yn credu bod yr heddlu wedi bod yn anonest neu efallai eich bod yn meddwl eu bod yn ddi-hid ac yn ddryslyd yn y modd y maen nhw'n cyflawni eu dyletswyddau,' meddai Mr Ustus Pill,

'Mae hynny'n fater i chi,' ychwanegodd.

Gyda geiriau'r barnwr yn adleisio'n eu clustiau hebryngwyd y chwe gŵr a'r chwe gwraig gan dywyswyr y llys i'w hystafell gaeëdig yng nghefn yr adeilad. Yno roedd bwrdd hirsgwar a chymerodd bob un ei gadair. Roedd wyth wythnos o dystiolaeth i'w bwyso a'i fesur a dewiswyd Robert Ellis, ffermwr o Lanaelhaearn, yn ben. Gan fod chwe aelod o'r rheithgor yn ddi-Gymraeg cynhaliwyd y drafodaeth yn Saesneg.

Yn ystod y prynhawn dychwelodd y rheithgor i'r llys am ychydig i ail wylio lluniau fideo a dynnwyd gan yr Heddlu tra oeddent yn gwylio fflat Siôn Aubrey Roberts yn Llangefni – fideo yr honnid oedd yn dangos fflach lachar o olau oedd yn gyson â rhywun yn paratoi dyfeisiadau cynnau tân. Ar ôl rhagor na phum awr o drafod fe alwyd y rheithgor yn ôl i'r llys a gofynnwyd iddynt a oeddent wedi dod i benderfyniad unfrydol.

'Nac ydym,' oedd yr ateb, a doedd dim amdani felly ond anfon y rheithgor i aros dros nos i westy gyda'r rhybudd

135

nad oeddent i wylio eitemau teledu na gwrando ar eitemau radio na darllen adroddiadau papur newydd yn ymwneud â'r achos. Roedd heddweision yn cerdded coridorau Gwesty'r Imperial, Llandudno y noson honno.

Drannoeth, roedd Oriel Gyhoeddus Llys y Goron, Caernarfon dan ei sang wrth i bobl o bob cwr o'r gogledd a'r canolbarth ddisgwyl am ddyfarniad. Y tu allan, yn Stryd y Jêl, roedd gohebwyr, ffotograffwyr a dynion camera teledu o bob cwr o wledydd Prydain yno'n aros yn eiddgar am y canlyniad. Ond ym mherfeddion adeilad y llys treuliodd y rheithgor ddiwrnod arall yn trafod ac yn ceisio'n ofer ddod i benderfyniad unfrydol. Am yr ail noson felly, roeddent i dreulio'r nos yn y gwesty yn Llandudno a chymerwyd y penderfyniad anarferol o alw'r rheithgor yn ôl i'r llys fore trannoeth i barhau â'u trafod – a hithau'n fore Sadwrn.

Yna'n sydyn, toc wedi 5.00 o'r gloch ar y prynhawn dydd Sadwrn, daeth si bod y rheithgor am ddychwelyd i'r llys gydag o leiaf un dyfarniad. Fe ellid bod wedi torri'r awyrgylch yn y llys gyda chyllell.

'Ydych chi wedi dod i ddyfarniad ynglŷn â'r cyhuddiad yn erbyn Dewi Prysor Williams a Siôn Aubrey Roberts eu bod wedi cynllwynio i achosi ffrwydradau?' gofynnodd Glerc y Llys.

'Ydym,' meddai'r Pen-Reithiwr.

'Beth yw'r dyfarniad hwnnw?' oedd ail gwestiwn y clerc.

'Di-euog,' oedd yr ateb.

Roedd yna olygfeydd dramatig y tu allan i Lys y Goron, Caernarfon y prynhawn hwnnw pan gerddodd Dewi Prysor Williams allan o'r adeilad yn ddyn rhydd ar ôl pedwar mis ar ddeg yn y ddalfa. Yn ei gwmni roedd ei fam Gwyneth Williams a'i ddwy chwaer, Manon a Meleri, a doedd dim modd iddynt guddio eu llawenydd.

'Rydym ni'n deulu unwaith eto,' meddai Gwyneth Williams wrth y dorf o oddeutu 200 oedd wedi ymgynnull erbyn hyn y tu allan i'r llys. Atseiniodd yr anthem genedlaethol, ond doedd yr achos ddim drosodd o bell ffordd.

Ar y bore Llun yr ailafaelodd y rheithgor yn ei ddyletswyddau, ond yn ofer unwaith eto. Roeddent yn methu â dod i benderfyniad unfrydol ar y ddau ddyfarniad oedd yn weddill. Roedd hi'n chwech yn erbyn chwech yn achos David Gareth Davies ac roedd hi'n saith yn erbyn pump o blaid cael Siôn Aubrey Roberts yn euog. Anfonwyd y rheithgor o'r llys eto gyda chaniatâd y Barnwr y tro hwn y gellid dod i ddyfarniad o fwyafrif – sef bod o leiaf deg yn cytuno. Am 3.00 o'r gloch brynhawn dydd Mawrth, 9fed Mawrth, 1993, dychwelodd y rheithgor i'r llys am y tro olaf. Roeddent wedi treulio pum noson gyda'i gilydd ac wedi trafod y dystiolaeth am dros 30 awr. Roedd rhaid wrth gyfaddawd i ddod â'r cwbl i ben. Roeddent wedi blino. Roeddent am fynd adref. Roeddent am ailgydio yn eu bywydau. Roedd y ffactorau hyn i gyd wedi dylanwadu ar eu penderfyniad terfynol.

'Ydych chi wedi cael David Gareth Davies a Siôn Aubrey Roberts yn euog neu'n ddi-euog o gynllwynio i achosi ffrwydradau?' gofynnodd y Clerc.

'Di-euog,' meddai'r Pen-Reithiwr.

Ar ôl pymtheng mis o dan glo felly a chyda'i ferch fach Anna yn ei freichiau roedd David Gareth Davies hefyd â'i draed yn rhydd. Roedd cymeradwyaeth y dorf a'i croesawodd y tu allan i'r llys yn fyddarol.

Roedd golwg unig ar Siôn Aubrey Roberts – yr unig un, a'r ieuengaf o'r tri diffynnydd ar ôl yn y doc. Pan ddechreuodd yr ymgyrch losgi yn Rhagfyr 1979, nid oedd Siôn ond bachgen wyth oed. Roedd y rheithgor wedi'i gael yn ddi-euog o gynllwynio i achosi ffrwydradau ond roedd dau gyhuddiad arall yn ei wynebu.

'Ydych chi wedi cael Siôn Aubrey Roberts yn euog neu'n ddi-euog i'r cyhuddiad o anfon dyfeisiadau ffrwydrol drwy'r post?' gofynnodd Clerc y Llys,

'Euog,' meddai'r Pen-Reithiwr. Ochneidiodd y dyrfa yn yr Oriel Gyhoeddus. Dros ei sbectol hanner lleuad edrychodd y Barnwr i fyny i gyfeiriad yr Oriel.

Aeth y Clerc yn ei flaen.

'Ydych chi wedi cael Siôn Aubrey Roberts yn euog neu'n ddi-euog i'r cyhuddiad o fod â deunydd ffrwydrol yn ei feddiant gyda'r bwriad o beryglu bywyd neu achosi difrod difrifol i eiddo?' gofynnodd.

'Euog,' oedd yr ateb y tro yma eto.

Cyn eu hesgusodi, diolchodd y Barnwr i'r rheithgor am eu gwaith ac fe ohiriodd ei ddedfryd am bythefnos.

Ar ddydd Gwener, 26ain Mawrth, 1993, safodd Siôn Aubrey Roberts ar ei ben ei hun unwaith eto yn y doc yn Llys y Goron, Caernarfon. Ymhen deng munud roedd y llanc 21 oed wedi'i anfon i garchar am 12 mlynedd. Daeth bloeddiadau o anghymeradwyaeth o'r Oriel Gyhoeddus:

'Does dim rheswm yn hynna!'

'Gormod o'r hanner!'

Ond doedd dim dylanwadu ar Mr Ustus Pill.

'Roedd beth a wnaethoch yn atgas a brwnt – nid oes ffordd arall o'i ddisgrifio,' meddai wrth y diffynnydd. 'Mae'n rhaid dangos yn glir na ellir goddef gweithredu ffiaidd fel hyn.'

Amcangyfrifir cost yr achos dros £1m.

* * *

Wrth edrych ar yr adeiladwaith eang o goncrid, y tyrau gwylio, y camerâu diogelwch a'r wifren bigog mae Full Sutton, Carchar Ei Mawrhydi, ger Caer Efrog yn ddigon i anfon ias i lawr asgwrn cefn y dewraf o feibion dynion. Duw a ŵyr pa effaith y mae'n ei gael ar yr anffodusion sy'n cael eu cadw o dan glo oddi fewn i'r muriau didrugaredd. *Maximum Security* yw'r term a ddefnyddir am garchardai o'r fath ac yn y carchardai hyn y cartrefir y dihirod creulonaf, y dihirod peryclaf, a'r dihirod mwyaf brwnt.

Yn y carchardai yma hefyd y cartrefir y rhai sydd wedi bygwth diogelwch y deyrnas, ac yn 1993 roedd y carchardai hyn â'u cyflenwad sylweddol o aelodau'r IRA a'r PLO (*Palastine Liberation Organisation*). Ym mis Mawrth 1993, neilltuwyd adain gyfan yng ngharchar Full Sutton i'r garfan hon o garcharorion. Yn eu plith roedd Eddie Butler, Hugh Doherty a Joe O'Connell, sef tri o'r pedwar aelod IRA a gafodd eu dal yn dilyn gwarchae enwog Stryd Balcome yn Llundain. Hawliodd y tri gyfrifoldeb am ladd saith o bobl drwy osod bomiau yn nhafarndai'r *Horse and Groom* a'r *Seven Stars* yn Guildford a thafarn y *King's Arms* yn Woolwich, Llundain yn 1974. Camgyhuddwyd pedwar o bobl ifanc am yr ymosodiadau.

Erbyn diwedd y mis roedd yna wyneb newydd yn eu mysg oherwydd am y rhan helaethaf o'r pum mlynedd nesaf, dyma hefyd fyddai cartref y Cymro, Siôn Aubrey Roberts.

Nid yw ymweld â charchar yn brofiad pleserus. Pan mae'r drysau mawrion yna'n cau'n glep mae yna fymryn o banig. Mae yna deimlad o ddiymadferthedd a buan y mae chwys clawstroffobia'n crynhoi. Roedd ymweld â charchar Full Sutton yn arbennig o annymunol.

'Gwagiwch eich pocedi,' meddai'r swyddog cyn mynd ati i'm byseddu am gyffuriau, deunyddiau gwaharddedig neu unrhyw beth, wir, allasai fod o ddefnydd i garcharor ddianc.

'Dim cyffwrdd y carcharorion,' harthiodd y swyddog cap pig gloyw. Roedd hynny'n rheol aur ac yn drosedd a arweiniai at ddirwyn yr ymweliad i ben yn syth. Dychmygwn rwystredigaeth rheol o'r fath wrth i wragedd ymweld â'u gwŷr, wrth i famau ymweld â'u meibion, wrth i blant ymweld â'u tadau.

Roedd hi'n broses araf cyrraedd yr ystafell ymweld. Roedd ffurflenni i'w llenwi. Roedd addewidion i'w gwneud.

Roedd cloeon i'w hagor.

Ystafell foel, a dweud y lleiaf, oedd yr ystafell ymweld ei hun. Doedd yno ddim ond tuag ugain o fyrddau bach *formica* wedi'u gosod yn rhesi gyda lle i swyddog carchar gerdded yn hwylus rhwng pob un. Roedd cadair ar un ochr i'r bwrdd a dwy gadair yr ochr arall. Ar bob bwrdd roedd dysgl lwch.

'Eisteddwch yn y fan yna,' meddai'r swyddog gan bwyntio ei fys i gyfeiriad y ddwy gadair.

Ymddangosodd Siôn Aubrey Roberts drwy'r drws yng nghwmni dau swyddog. Roedd golwg iach a heini arno. Gwenodd ac eisteddodd yn y gadair yr ochr arall i'r bwrdd. Nid yw sgwrsio'n hawdd mewn amgylchiadau o'r fath, ond bu'n gyfle i gyfnewid ambell i stori a thrafod ambell i bwnc y dydd ar y pryd yng Nghymru. Roedd o'n amlwg yn darllen yn eang ac yn derbyn cyhoeddiadau Cymraeg yn rheolaidd.

Yna'n ddirybudd ac yn ddigymell, yng nghanol sgwrs, cododd Siôn Aubrey Roberts o'i gadair a cherddodd ymaith i gyfeiriad y swyddogion oedd i'w hebrwng yn ôl i'w gell. Ni ffarweliodd yn ffurfiol ac nid edrychodd yn ôl.

Rhyddhawyd Siôn Aubrey Roberts o'r carchar ychydig ddyddiau cyn y Nadolig, 1997.

DIFFODD Y FFLAM

Wythnos ar ôl i'r achos llys ddod i ben yng Nghaernarfon *Malatov Cocktail* a ddefnyddiwyd i geisio rhoi *Rose Cottage* yng Ngwalchmai yn Ynys Môn ar dân. Roedd y llythrennau MG wedi'u peintio ar dalcen y tŷ a oedd yn eiddo i deulu o Fanceinion. Ond nid oes awgrym bod yr ymosodiad yn rhan o unrhyw ymgyrch losgi fwriadol. Ar ôl deuddeng mlynedd, roedd honno wedi dod i ben. Roedd fflam Meibion Glyndŵr wedi'i diffodd.

Bu'n ddeuddeng mlynedd gynhyrfus a dweud y lleiaf.

I rai, roedd llosgi tŷ haf yn arwydd o barhad hen frwydr cenedl y Cymry am ei heinioes. Cyfeiriodd llawer wrthyf am y balchder a'r llawenydd a brofwyd ganddynt o glywed bod tŷ haf arall wedi'i losgi – gyda'r llawenydd hwnnw'n troi'n orfoledd os oedd to tŷ haf wedi'i ddymchwel. Rhannwyd bathodynnau a phosteri a bu crysau-T yn cymeradwyo'r ymgyrch yn boblogaidd. Roedd eu neges yn ddi-amwys: *'Come home to a real fire – buy a cottage in Wales'.*

I eraill roedd y llosgi'n deyrnfradwriaeth o'r radd flaenaf ac yn ymgais i danseilio grym y wladwriaeth. Yn eu tyb hwy roedd yr heddlu a'r Gwasanaethau Cudd yn llygaid eu lle'n defnyddio pob ystryw i ddod â'r ymgyrch losgi i ben. Fel y dywedodd y Ceidwadwr, Elwyn Jones: 'Heb MI5, fe fyddai yna anarchiaeth llwyr ac fe wn yn fy nghalon ac yn fy mhen nad yw mwyafrif mawr pobl Cymru – y rhai cymhedrol a rhesymol, y mwyafrif tawel – am weld hynny'.

Yn sicr fe gododd yr achos llys yng Nghaernarfon gwr y llen ar ddulliau gweithredu'r Gwasanaethau Cudd. Roedd hi'n ddiddorol, a dweud y lleiaf, clywed fel y bu i 38 o swyddogion y Gwasanaethau Cudd ddilyn Siôn Aubrey Roberts o gwmpas tref Caernarfon. Ond roedd clywed swyddogion y Gwasanaethau Cudd yn cyfaddef am y tro cyntaf erioed mewn llys agored iddynt dorri i fewn i dai er mwyn clustfeinio ar y preswylwyr yn fwy dadlennol fyth.

Parhau'n ddirgelwch y mae pam y galwyd y Gwasanaethau Cudd i weithredu yn erbyn y llosgwyr. Efallai y bu'r protestio yn erbyn ymweliad y Frenhines ag Ynys Môn ym mis Hydref 1991 yn ysgogiad, ond roedd hi'n wybyddus hefyd bod yr heddlu lleol, ac yn arbennig y ditectifs oedd wedi'u penodi i ddal Meibion Glyndŵr, o dan bwysau cynyddol i ddal y rhai fu'n gyfrifol. Yn ôl Prif Swyddog Tân Clwyd, Roy Hutton, ar 6ed Chwefror, 1991, roedd y pwysau hynny gymaint fel nad oedd yr heddlu'n cofnodi rhai tanau bwriadol: 'Nid wyf yn hapus gyda'r cydweithrediad a dderbynnir gan Heddlu'r Gogledd ar adegau. Rwy'n credu bod yna bwysau mawr iawn arnynt i dorri ar nifer troseddau o'r fath nad oes gobaith eu datrys.' Gwadu awgrym Ken Hayton wnaeth Prif Gwnstabl Cynorthwyol Heddlu'r Gogledd, John Tecwyn Owen.

Ond fe ddaeth llwyddiant i'w rhan y tro yma – llwyddiant o fath. Er i'r cyhuddiad o gynllwynio yn erbyn y tri diffynnydd fethu gerbron y llys yng Nghaernarfon fe anfonwyd un ohonynt i'r carchar. Siôn Aubrey Roberts yw'r unig un i gyfaddef iddo fod yn aelod o Feibion Glyndŵr ond, am resymau amlwg, nid yw'n fodlon dweud pryd yr ymaelododd â'r mudiad. Gellir dweud gyda sicrwydd, fodd bynnag, nad oedd yno ar y dechrau ac ar wahân i aelodau Cadwyr Cymru a fu'n gyfrifol am danau yn Sir Feirionnydd a Sir y Fflint a fu hefyd yn y carchar yn nyddiau cynnar y llosgi, nid oes unrhyw un wedi cael ei alw i gyfrif am dros 200 o ymosodiadau eraill. O ystyried holl rym y wladwriaeth gyda'u defnydd o offer technolegol ac ysbiwyr sy'n ddyfal gasglu gwybodaeth o fewn rhengoedd mudiadau Cymreig, mae hynny ynddo'i hun yn wyrth.

Ond beth am effaith yr ymgyrch? Ar ei dechrau, yn 1979, roedd yna 8,000 o dai haf yng Ngwynedd. Erbyn diwedd

1987, yn ôl y Swyddfa Gymreig, roedd y nifer hwnnw wedi codi i 9,400, sef 9% o holl dai'r sir. Dros yr un cyfnod roedd nifer y tai haf yn ardal Cyngor Bwrdeistref Aberconwy wedi dyblu.

Yna, yn y flwyddyn ganlynol, datgelwyd bod gwerthiant eiddo yng Ngwynedd wedi cynyddu 40% er y flwyddyn flaenorol. Roedd prisiau tai'n cynyddu wrth y dydd. Roedd perchnogion yn gwerthu eu heiddo yn ne ddwyrain Lloegr am grocbris ac yna chwilio am gartref rhatach yng Nghymru. Fel y dywedodd Mike Griffiths, un o bartneriaid y gwerthwyr tai, Walmsley Evans: 'Mewn ugain mlynedd o weithio yma, ni welais i ddim byd tebyg i hyn'.

Yr un oedd stori cwmni gwerthwyr tai Tony Myers ym Mangor gan adrodd bod prynwyr o dde ddwyrain Lloegr yn llifo i Ynys Môn a'r glannau cyfagos: 'Mae rhai wedi ymddeol a rhai'n gweithio o adref neu'n sefydlu neu brynu busnesau'n lleol, ond y mae hi'n gyfnod anodd i'r prynwyr am y tro cyntaf'.

* * *

Yn sicr bu'r berthynas rhwng yr heddlu a'r cymunedau Cymraeg yn un hynod stormus drwy gydol yr ymgyrch losgi. Bu'r atal, y dilyn, y gwylio a'r clustfeinio'n ormodol. Ar un adeg roedd yr heddlu'n ymchwilio i'r posibilrwydd bod cysylltiad rhwng gwyliau hanner tymor yr ysgolion lleol â'r ymgyrch losgi.

Ni wnaeth cyrchoedd megis *Operation Tân* nac arestio Bryn Fôn, Mei Jones a Dyfed Thomas unrhyw les ychwaith, ac roedd cyhuddiadau cyson uchel swyddogion yr heddlu bod y cymunedau Cymraeg yn fwriadol beidio â datgelu gwybodaeth am y llosgwyr, heb os, yn rhoi halen ar y briw.

Ni wyddys faint o sail oedd i sylwadau o'r fath gan yr heddlu, ond ddeuddeng mlynedd ar ôl yr ymosodiad olaf dywedodd y cyn Dditectif Brif Uwch Arolygydd Gareth

Jones ar raglen materion cyfoes y BBC ar S4C, *Taro Naw* ei fod o'r farn bod rhai plismyn, hyd yn oed, yn gefnogol i'r ymgyrch.

Heb os, mae rhywun yn gwybod.

CYFRES
DAL Y GANNWYLL

Cyfres sy'n taflu ychydig o olau
ar y tywyll a'r dirgel.
Golygydd y gyfres:
LYN EBENEZER

'Mewn Carchar Tywyll Du'
Hunangofiant Warden Carchar
D. Morris Lewis
Rhif Rhyngwladol: 0-86381-671-1; £3.99

Beth yw tarddiad y gair 'sgriw' am swyddog carchar? Os wnewch chi feddwl am garchar fel bocs, yna y sgriwiau sy'n dal popeth gyda'i gilydd. Dyna esboniad awdur *Mewn Carchar Tywyll Du*, sy'n cyfrol sy'n gwbl unigryw. Ynddi ceir hanes llanc ifanc o lannau'r Teifi a aeth yn swyddog carchar gan godi i fod yn Rheolwr Gweithredol. Yn ystod gyrfa 35 mlynedd yn rhai o garchardai caletaf gwledydd Prydain, gan gynnwys Dartmoor, daeth D. Morris Lewis i gysylltiad â'r dihirod mwyaf didrugaredd. Bu'n gwasanaethu droeon yng nghell y condemniedig ar noswyliau crogi ac ef yw'r unig gyn-swyddog sydd ar ôl bellach a fu'n gyfrifol am weinyddu'r gosb o chwipio. Yn ogystal ag adrodd ei hanes mae ganddo hefyd ei safbwyntiau dadleuol ei hun ar gyfraith a threfn.

'MEWN CARCHAR
TYWYLL DU'
D. MORRIS LEWIS
GOLYGWYD GAN LYN EBENEZER

YR YMWELWYR
RICHARD FOXHALL
GOLYGWYD GAN LYN EBENEZER

ACHOS Y
BOMIAU
BACH
DAN ROBERTS
GOLYGWYD GAN LYN EBENEZER

BORLEY
CYMRU
J. TOWYN JONES
GOLYGWYD GAN LYN EBENEZER

Yr Ymwelwyr
O'r gofod i Gymru
Richard Foxhall
Rhif Rhyngwladol: 0-86381-673-8; £3.99

Mae'r awdur ei hun wedi bod yn llygad-dyst i oleuadau a cherbydau rhyfedd yn yr awyr uwch Dyffryn Nantlle. Sbardunodd hynny ei ddiddordeb mewn soseri hedegog ac UFO's a dechreuodd gasglu gwybodaeth am brofiadau tebyg, gan ganolbwyntio ar Gymru a theithwyr o'r gofod. Daeth ar draws tystiolaeth syfrdanol, ac ar ôl iddo blagio'r Weinyddiaeth Amddiffyn am flynyddoedd, fe lwyddodd i gael honno, hyd yn oed, i ddatgelu peth gwybodaeth ddadlennol.

Achos y Bomiau
Hanes Achos Mudiad y Gweriniaethwyr
Ioan Roberts
Rhif Rhyngwladol: 0-86381-674-6; £3.99

Wrth i raglen *Cyn Un* ddechrau daeth y ddau ddyfarniad cyntaf. Dau yn ddieuog ar bob cyhuddiad. Rhuthro allan i giosg a thorri'r newydd yn ddigon carbwl i'r genedl. Erbyn trannoeth, roedd tri arall yn rhydd, ac achos llys drutaf Cymru ar ben wedi naw wythnos a hanner. A'r cyhuddiadau'n tasgu – yn erbyn y plismyn!

Mae'r achos cynllwynio yn Llys y Goron Caerdydd yn 1983, a chwalodd y Mudiad Gweriniaethol Sosialaidd Cymreig, yn dal i'w gael ei ddyfynnu mewn achosion eraill. Wrth ei wraidd roedd pwy oedd yn dweud y gwir, y cyhuddiedig ynteu'r plismyn, ynglŷn â chyffesiadau honedig, a manylion fel y 0.3 gram o gemegyn a 'ddarganfuwyd' mewn llofft yng Nghwm Rhymni. Wedi deunaw mlynedd mae'r diffynyddion yn dal yn flin, Heddlu De Cymru dal yn y doc, rhai o'r bargyfreithwyr yn

147

sêr, a phwy bynnag fu'n gyfrifol am y bomiau a'r tanau a'r
bygythiadau a fu'n sail i'r cyfan yn dal mor anweledig â
Merched Beca. Roedd Ioan Roberts yn ohebydd i Radio Cymru
yn y llys. Yn y gyfrol hon bydd yn ail-fyw peth o ddrama'r
achos, y digwyddiadau a arweiniodd ato, a'r effaith a gafodd.

Borley Cymru
Yr aflonyddwch yn Ficerdy St Paul, Llanelli
J. Towyn Jones
Rhif Rhyngwladol: 0-86381-676-2; £3.99

Roedd rheithordy Borley, swydd Essex yn dŷ lle bu hela
ysbrydion ar raddfa fawr rhwng 1929-1938. Dangosodd y
papurau newydd gryn ddiddordeb ynddo, gwnaed ymchwil
manwl gan ddefnyddio camerâu a ffilm sine a chyhoeddwyd
cyfrol yn seiliedig ar fwrlwm poltergeistaidd y rheithordy yn
1940: *The Most Haunted House in England*, flwyddyn ar ôl i'r
adeilad losgi'n ulw.

Mae gan Gymru ei 'Borley' ei hun. Bu cryn aflonyddwch
ysbrydol yn Ficerdy St Paul, Llanelli a phwy'n well na
gweinidog gyda'r Annibynwyr i ddadlennu'r hanes?